Nachhaltige Geld Anlage in den Zeiten von Klima Wandel und Kapitalismus Krise

Dr. Stefan U. Tippach

IMPRESSUM

© 2023 Dr. Stefan U. Tippach, Ph.D.

53121 Bonn

Endenicher Str. 287

Germany

www.Dr-Tippach.de

mail@Dr-Tippach.de

Herstellung und Verlag: BoD – Books on Demand, Norderstedt
ISBN: 9783757825027

COPYRIGHT

EINLADUNG

Begleitet mich durch den ethischen Dschungel von Geld und Kapital. Es ist so verlockend, wenn Firmen damit werben – und sie tun es ja mittlerweile alle – dass sie „grün", „bewusst" und „klima-neutral" seien. Wollen wir doch mal sehen, ob da wirklich etwas dran ist, und ob man tatsächlich mit reinem Gewissen sein Erspartes am Kapitalmarkt anlegen oder gar Profit machen kann.

Ihr benötigt keine Vorkenntnisse, und auch kein vorhandenes Vermögen, um euch sinnvoll darüber Gedanken zu machen, wie Wirtschaft und Geldanlage im Wandel auch pro Klima funktionieren – denn das geht uns alle an – und wir sollten darüber etwas besser Bescheid wissen!

Mini-Vorwort

Keine Anlageempfehlungen in diesem Buch! Ebenfalls keine Erwähnung von Anlagen, für welche ich mich entschieden habe. Hier wird nichts verkauft! Sondern ein Einstieg vermittelt, auf was man alles achten sollte, wenn man Geldanlage mit Gewissen vereinbaren will. Das mag übrigens nicht unbedingt immer, jedenfalls nicht direkt, Rendite fördernd sein. Das Anliegen dieses Buches ist nicht die „ethische" Geldanlage – was weitere Werte umfasst wie etwa Friedenserhaltung, Freiheit, Menschenwürde, kulturelle Vielfalt, soziale Gerechtigkeit um nur mal einige zu nennen - sondern es soll speziell um deren *Nachhaltigkeit* gehen bzw. aufzeigen, wo diese von den angeblich er-grünten Unternehmen gar nicht praktiziert wird, sondern uns dies als Geld Anlegenden ebenso wie Konsument:innen lediglich als Marketing-Instrument vorgegaukelt wird. Es mag jedoch durchaus sein, dass sich die Forderung nach Nachhaltigkeit mehr und mehr in einen ethischen Faktor transformiert. Vieles in der neueren Kapitalismus-Kritik, um die es im zweiten Teil dieses Buches geht, Geäußerte, deutet darauf hin. Persönlich bitte ich um eure Unterstützung, damit auch ich als freier Autor etwas für die Rente weglegen kann, meinen HERZLICHEN DANKE!

http://www.Paypal.me/stefantippach

BuyMeACoffee.com/stefantippach (sollte der Link nicht funktionieren, bitte einfach kopieren und im Browser öffnen)

INHALTSÜBERSICHT

Danksagung

Unser Dank gilt all denen, die mich auf Workshops, Kursen, Vorträgen und Tagungen mit Fragen und ihrem Interesse bereichert haben. Durch Gespräche mit Menschen, die sich auch bei der Kapitalanlage nachhaltig verhalten möchten, habe ich enorm viel gelernt. Schließlich danke ich allen, die an der Entstehung dieses Buch und dem Lektorat mitgewirkt haben.

Inhalt

Geldanlage *und* Gewissen?

Zur Einführung: Geld? Ja! Ein notwendiges Übel? Sicher! Klimaschutz? Eine absolute Notwendigkeit! Wir sollten davon ausgehen können, dass jeder Mensch, der es sich einigermaßen leisten kann, einen Beitrag zur Erhaltung des Planeten erbringen möchte. Sei das durch Konsumverzicht oder bewusstes Einkaufen, z.B. ohne Plastiktüten. Dieser Umstand ist mittlerweile auch statistisch erfasst. Nach einer DPA- Meldung vom 09. Nov. 2022[1] gaben fast 40% der Privatanleger lt. einer Umfrage an, den Faktor Nachhaltigkeit in ihre Anlageentscheidung mit einfließen zu lassen.[2] Besonders wichtig ist Menschen mit Interesse an nachhaltigen Finanzprodukten dabei der Verzicht auf Tierversuche, wie aus der Umfrage des Vergleichsportals Verivox hervorgeht. Man kann nun durchaus über die Reichweite des Begriffs streiten! Einige Autor: innen argumentieren, „nachhaltig" sei eine Produktion nur dann, wenn sie maximal so viel verbrauche wie nachwachsen kann. Dies Kriterium allein mag jedoch bereits die Grenzen unseres aktuellen kapitalistischen Systems sprengen, weil dieses auf ein beständiges „Mehr" gerichtet ist.

Nach drei Kriterien gefragt, die für sie besonders wichtig sind, nannten 39 Prozent der Befragten den Verzicht auf Tierversuche. Menschenwürdige Produktions- und Arbeitsbedingungen

---

[1] Quelle: https://www.boerse.de/nachrichten/Interesse-an-nachhaltiger-Geldanlage-waechst-Tierwohlwichtig/34301045:
[2] Vor 10 Jahren war es nur knapp die Hälfte der Befragten.

rangierten knapp dahinter (38 Prozent). Für je ein Drittel haben ein schonender Umgang mit den natürlichen Ressourcen des Planeten (33 Prozent) und der Ausbau erneuerbarer Energien (32 Prozent) Priorität. Andere Aspekte des Umwelt- und Klimaschutzes wie die Müll- und Abfallvermeidung (21 Prozent) oder gezielte Investitionen in Unternehmen, die besonders CO_2-sparsam wirtschaften (14 Prozent), wurden noch seltener genannt. Der Verzicht auf Investitionen in Kernenergie (13 Prozent) und fossile Energieträger wie Kohle, Öl oder Gas (11 Prozent) sind ebenfalls nur für einen kleineren Teil der Befragten besonders wichtig. Insgesamt interessieren sich den Angaben zufolge vier von fünf der mehr als 1000 Umfrageteilnehmer: innen für nachhaltige Finanzprodukte, jeder Vierte investiert bereits. 68 Prozent der Teilnehmenden mit Interesse an nachhaltigen Investments wären bereit, Abstriche bei der Rendite in Kauf zu nehmen, wenn ihr Geld dafür ausschließlich in Unternehmen und Projekte fließt, die wichtige Nachhaltigkeitsstandards erfüllen. Ganz klar also: WIR, die Anleger: innen, wollen und sollen uns – auch selbst – um die uns interessierenden „politischen" Anlageaspekte kümmern. Wir kennen auch unsere Marktmacht. Wir haben die Firmen weltweit mehr und mehr dazu gezwungen, sich um den Umweltschutz und die Nachhaltigkeit zu kümmern.

Fondsgesellschaften[3] weisen mehrheitlich ihren „Nachhaltigkeitsbezug" aus. Und dies fließt immer mehr auch in unser

---

[3] Ein Fonds ist ein indirektes Anlageinstrument. Man investiert hier sein Geld nicht direkt in eine Gesellschaft, sondern über-

aller Anlageentscheidung ein. Das von Privatanleger: innen am meisten genutzte Instrument ist das Sparen durch Fonds. Hier hat auch der europäische Gesetzgeber reagiert. Der Nachhaltigkeitsbezug (SFDR) muss von den Fondsgesellschaften offengelegt werden. Nach der EU-Offenlegungsverordnung (SFDR[4] = Sustainable Finance Disclosure Regulation) handelt es sich um Vorschriften für Hersteller und Vertriebsstellen von Finanzprodukten zur Offenlegung nachhaltigkeitsbezogener Informationen gegenüber Endanleger: innen. Die Verpflichtung zur Offenlegung soll dazu beitragen, Transparenz zu schaffen, die Nachhaltigkeitsleistung von Finanzprodukten vergleichen zu können, den Anlegerschutz zu stärken und Greenwashing[5] zu reduzieren.

Aha! Der Gesetzgeber hat also erkannt, dass die Gefahr besteht, dass die Firmen nur einen grünen PR- Anschein erzeugen, in Wahrheit jedoch weiterhin den Planten und die Menschen zu allein ihrem Profit ausbeuten. Die gesetzlichen Maßnahmen sollen die Unternehmen zwingen, offenzulegen, wie Nachhaltigkeitsrisiken in die Investitionsentscheidungen des Produktes einfließen und (!) welche Auswirkungen auf die Rendite zu erwarten sind. Werden Nachhaltigkeitsrisiken als

---

trägt diese Aufgabe dem Management der Fondsgesellschaft, an welche man z.B. monatlich erspartes Geld überweist und dadurch sog. Fonds-Anteile, z.B. einem Aktienfonds, erwirbt.
[4] Näher: https://www.eurosif.org/policies/sfdr/
[5] Als „Greenwashing" bezeichnet man - absichtlich ähnlich übrigens dem Begriff der „Geldwäsche" - das bloße Sich-Reinwaschen vom Vorwurf der Umweltunverträglichkeit ohne ein echtes Konzept der Nachhaltigkeit.

nicht relevant erachtet, so muss dies jeweils gesondert begründet werden. Das ist ein sinnvoller Start, wie ich finde.

Es werden nach SFDR drei Kategorien von Produkten unterschieden: Artikel 6 der Verordnung spricht von „Grauen Produkten". Artikel 8 von „Hellgrünen Produkten". Letztere erfüllen die Anforderung aus Artikel 6 und legen zusätzlich offen, wie ökologische und/oder soziale Merkmale (unter Voraussetzung einer guten Unternehmensführung) im Produkt berücksichtigt werden. Artikel 9 schließlich benennt sog. „Dunkelgrüne Produkte", diese müssen die Anforderungen aus Artikel 6 erfüllen und zusätzlich offenlegen, wie die angestrebten gesetzgeberischen Ziele einer nachhaltigen Investition sowie der einer Reduzierung von CO2 Emissionen gewährleistet wird.

Die Einstufung in eine Kategorie wird allerdings durch die jeweilige Fondsgesellschaft durchgeführt. Das ist aus meiner Sicht ein Ansatzpunkt für Kritik und zeigt, dass der Gesetzgeber sich offenbar noch nicht zutraut, selbst klare Regeln und Standards zu setzen, woran sich dann die Fondsgesellschaft orientieren muss. So verbleibt ein fahler Beigeschmack, wenn man die am Ende doch nur subjektiv verbleibende Einschätzung der Fondsgesellschaften liest. Hier hat der Gesetzgeber vor allem auf internationaler Ebene – denn die großen Firmen arbeiten weltweit - deutlich nachzulegen.

Grundlagen der Geld- und Finanzanlage

Seit 1924 gibt es einen *Weltspartag*. Sparen bedeutet den Verzicht auf direkten Konsum, um sein Geld später „anders" zu verwenden. Man spart auf größere Anschaffungen oder für den Lebensabend, wenn die Rente immer unsicherer wird. Letztlich hat Sparen eine ökonomische Funktion, nämlich die, dass den Banken zur Verfügung überlassenes Spargeld in Form von Darlehen ausgereicht werden können. Man fasste das früher zusammen als die Gleichung: Sparquote = Investitionsquote. Nur, wer spart, der möchte nun auch mal einen Zins erhalten, also eine gewisse Mehrung. Seit vielen Jahren fällt das praktisch weltweit weg. Damit werden übrigens die Sparer: innen mehr und mehr gezwungen, in riskantere Finanzanlagen zu investieren, wenn sie z.B. etwas zur Aufbesserung ihrer Rente zurücklegen möchten. Diesen Zwang, der in Europa maßgeblich durch die fragwürdige Niedrigst-Zins-Politik der Europäischen Zentralbank (EZB) geschaffen wurde, nennt u.a. der ehemalige Richter am Bundesverfassungsgericht, Paul Kirchhoff, verfassungswidrig. Denn aus rechtlicher Sicht ist es ein Ausdruck unserer Freiheit, zu entscheiden, ob und wie wir unser Geld anlegen möchten. Und die EZB zwingt uns geradezu in riskantere Anlageformen.

Man sollte – gerade auch als an Nachhaltigkeit orientierte: r Leser: in über einige Grundsätze der Geld- und Kapitalanlage Bescheid wissen. Im Verlauf werde ich einige Grund-Thesen, die man beachten sollte, vorstellen. An dieser Stelle eine erste wichtige Grundlage: je höher der Ertrag aus einer Geldanlage, desto größer ist notwendig das mit ihr verbundene Risiko. Risiko? Leider ist schon vielen Anleger: innen nicht bewusst, dass jede (!) Geldanlage mit einem Ausfallrisiko des Schuldners, des sog. Emittenten, verbunden ist. Auch eine Staatsanleihe, also z.B. der Bundesschatzbrief, kann ausfallen, nämlich dann, wenn die BRD pleitegeht. Kann nicht passieren? Eben doch! Aber da dies als relativ unwahrscheinlich eingestuft wird, muss Deutschland aktuell nur geringe Zinsen aufwenden.

Aus dieser Erkenntnis folgt unmittelbar Grundlage Nr. 2: In Krisenzeiten, wie aktuell, sucht das internationale Kapital – und diese Leute bestimmen nun mal wo es weltweit finanziell langgeht – möglichst sichere Anlage, wie eben z.B. Bundesanleihen oder US-amerikanische Staatsanleihen. Diese Überlegung sollte übrigens jede: r für sich anstellen, bevor man mit Hype und Hopium alles in chinesische Wachstumsaktien investiert.

Neben dem Sparen gibt es verschiedene Grundmodelle der Finanzanlage: Erwerb von Grundeigentum, um Miete zu sparen oder an jemand anderen zu vermieten; Rentenpapiere oder auch Bonds genannt: das sind zumeist festverzinsliche (neuerdings auch: variabel verzinsliche sog. Floating Rates Notes, z.B. in Zeiten steigender Zinsen nachgefragte Anleihen) Schuldverschreibungen, die von Staaten oder Unternehmen herausgegeben werden, um ihre Projekte zu finanzieren.

Daneben steht dann der Erwerb von Aktien mit dem Anrecht auf einen Anteil des jährlich erwirtschafteten Gewinns in Form von sog. Dividenden. Oder man erwirbt Anteile an Aktien-, Renten- bzw. sog. Gemischten Fonds, welche dann unser Geld nach weitgehend festgelegten Regeln national oder international anlegen. Wer sich näher dafür interessiert, kann dazu Googlen, welche Anlageschwerpunkte solche Fonds haben können, z.B. regionale wie Südostasien oder Branchen wie Goldminen-Aktien. Schon das alles auseinanderzuhalten, ist schwierig genug. Und wie soll man sich auch nur annähernd – und dann stets tagesaktualisiert – darüber informieren, welche Aktien- bzw. Fonds-Gesellschaft nun wirklich gute Nachhaltigkeits-Standards anlegt? Es ist ein sehr weiter und beschwerlicher Weg, eben durch den Dschungel der Finanzanlage, ein Investment zu finden, das man selbst als gut für die Umwelt, das Klima, den Planeten, die Menschheit einschätzt. Daher möchte ich jetzt einen Überblick dazu geben, wie eine solche Entscheidung in Dir ablaufen kann.

Vorbereitung einer gewissenreinen Finanzanlage

1. **Allgemeinwissen**. Es ist eine gute Idee, sich mit der Geldanlage mal wirklich zu befassen. Aus meiner Sicht gehört das eigentlich als Schulfach unterrichtet! Man kann nur spekulieren, warum das nicht geschieht. Einige wie der Autor von „Rich Dad, Poor Dad", Robert Kiyosaki behaupten ja, das sei Absicht, um die Masse dumm zu halten. Das kann ich nun wirklich nicht beurteilen. Aber eines ist sicher richtig: wirtschaftliche Zusammenhänge zu verstehen ist gleichermaßen interessant wie möglicherweise profitabel für den eigenen Geldbeutel. Vor allem ist man dann nicht mehr schutzlos den Berater: innen in Banken und bei anderen Finanzdienstleistern ausgeliefert. Denn die werden in aller Regel nur Anlagen empfehlen, die für sie selbst günstig sind, z.B. deren eigenen Schuldverschreibungen oder Sparkassenobligationen. Click doch einfach mal auf die Werbung des weltweit operierenden Finanzdienstleisters PIMCO „Drei Asse im Ärmel mit Alternativen Anlagen". Bei *alternativer* Anlage würde man doch denken, dass man da Klima freundliche Investitionsmöglichkeiten aufgezeigt bekommt. Aber totale Fehlanzeige! Es ging nur darum, Dich zu einem weiteren Greenwashing zu führen – diesmal also ein sich grün waschenden Finanzdienstleister. Wer hätte das gedacht! Es kann nur noch einmal betont werden, man muss wirklich vorsichtig sein mit seiner hart verdienten Kohle, die man jetzt nachhaltig anlegen möchte. Wo immer ihr Werbung für Geldanlage erhaltet, oft bunt bebildert und aufgehübscht, da ist Skepsis dringend angebracht. Erin-

nert euch bei der nächsten Werbung zu einer „Risikolosen Anlage für 7%" daran, dass der aktuelle Marktzins bei ca. 4% liegt! Wo immer mit über dem Markt liegenden Renditen geworben wird, IST das Risiko immer notwendig höher als das marktübliche bzw. marktdurchschnittliche. Hier übrigens noch ein gutes Kriterium für die Qualität eurer Anlageberater: innen – die sollten aus eigener (also nicht: geerbt) Kraft mehr erwirtschaftet haben als ihr und ihr eigenes Vermögen gut verwalten. Dazu gehört dann auch eine gewisse Lebenserfahrung und nicht nur theoretisches Wissen aus der Bankakademie.

2. **Bewusstsein**. Man sollte sich klarmachen, dass es immer und systemimmanent einen zumindest potenziellen Interessenskonflikt gibt zwischen Kapitalnachfragern bzw. den die jeweilige Anlage vermittelnden Unternehmen (wie etwa Banken, wobei die noch am ehesten kontrolliert werden) und euch als Kapitalgebenden. Der Klarste ist doch dieser: Das Unternehmen will möglichst wenig Zins/Dividende etc. zahlen, um seinen Eigennutz zu stärken, und ihr wollt möglichst viel Zins bei möglichst überschaubarem Risiko. Daraus können wir eine dritte Grundregel für die Beurteilung von Unternehmen ab, welche sich in zwei Teile unterteilt: zum einen darf man aus wirtschaftlichen Gesichtspunkten auch ein „grünes" Unternehmen nicht nur *ideologisch* betrachten, sondern auch dessen Zahlen anschauen. Ein Fehler, den z.B. die Anleger: innen bei Beyond Meat im November 2020 gemacht haben, als sie in diese Aktie zu Kursen von über €150,- investierten –

wovon aktuell noch knapp 12 Euro pro Aktie übriggeblieben sind. Du hättest also mit einem „grünen Unternehmen" über 80% Deines Geldes verloren, was ja nun auch nicht in Deinem Interesse sein kann. Wobei ich an der Stelle mal ganz bewusst offenlasse, ob Beyond Meat wirklich so grün ist wie es gehypt wurde. Zum anderen müssen Gewinne des Unternehmens, besonders solche, die als Dividende ausgeschüttet werden, aus dessen laufenden Erträgen erwirtschaftet sein. Man bezeichnet diese Kennziffer als Ausschüttungsquote, d.h. man schaut – und das ist veröffentlichungspflichtige Information – wieviel Prozent des Gewinnes verwendet werden müssen, um die Dividende zu decken. Offensichtlich, je geringer dieser Wert ist, desto *sicherer* ist die Dividende. Ein Wert von unter 50% gilt als ziemlich gut. In Internet-Finanzportalen könnt ihr börsentäglich nachlesen, ob und wie weit „die Dividende vom Ertrag gedeckt wird". Es gibt nämlich auch grüne Unternehmen, welche die Dividende ganz oder z.T. von der Substanz auszahlen. Das ist dann für Dein angelegtes Kapital äußerst gefährlich.

3. **Möglicherweise Renditeverzicht**. Du musst unbedingt für Dich selbst Maßstäbe[6] entwickeln und diese an Deine Kapitalanlage anlegen. Als erstes gehört dazu die Beantwortung der Frage *wie* wichtig Dir der Ertrag ist. Vielleicht bist Du ja sogar bereit, einer nachhaltigen Unternehmung Geld für einen

---

[6] Google z.B. mal „Nachhaltigkeits-*Rating*", wisse jedoch, dass auch Rating-Agenturen eigene wirtschaftliche Interessen haben, z.B. keine Aufträge bekommen, wenn sie dauerhaft negative Ratings vergeben!

sehr geringen „Zins" zur Verfügung zu stellen. Es kann Dir ja mit Fug und Recht wichtiger sein, dass gute Produkte und Dienstleistungen geschaffen werden, welche dem Klima dienen. So argumentiert man übrigens oft von staatlicher Seite, wenn beispielsweise preiswerte Kredite zur Verfügung gestellt werden, wenn Du eine Solaranlage auf Deinem Dach errichtest. In dem Fall verzichtet der Kreditgeber ja auch auf (Teile des Zins-) Gewinn(s), um unseren Planeten und die Umwelt zu fördern. Das können wir ja mit unserer Anlageentscheidung auch tun.

4. **Dauernde Beobachtung**. Das Sparkonto hatte und hat einen großen Vorteil. Bis zu einer gewissen Höhe ist das Sparguthaben vom sog. Einlagensicherungsfonds garantiert, d.h., man bekommt sein Geld sogar im Fall einer Bankenpleite zurück. Und man muss sich nicht darum kümmern und kann in aller Regel ruhig schlafen. Das ändert sich schlagartig, wenn man in Fonds oder Einzelaktien investiert. Ich gehe davon aus, dass niemand sein Geld einfach „wegwirft". Daher gilt es, mitzuverfolgen, wie sich die jeweilige Gesellschaft entwickelt. Leider können nur die wenigsten Menschen Bilanzen lesen und sind daher auf Sekundärberichte von Finanzjounalist: innen angewiesen. Letztere haben – ich weiß das klingt hart – in aller Regel ebenfalls keine Ahnung, sondern verlassen sich auf wiederum dritte Expert: innen oder direkt auf die Aussagen der Finanzvorstände oder Bänker. Alle Anleger: innen, die noch bis zuletzt in Wirecard getrieben wurden, wissen das aus eigenem Unglück nur zur Genüge. Geh' mal

ruhig davon aus, dass alle im Finanz Dschungel erstmal ihre eigenen Interessen verfolgen, nicht Deine. Da sind knallharte Gesetze des Kapitalismus am Werke, die wir Normalos in der Regel nicht mal kennen. Aber zur Kapitalismuskrise kommen wir noch. Jedenfalls, bitte hinterfrage STETS, was man Dir da an Informationen anbietet, und aus welcher Quelle diese stammen.

5. **Spezielle Studien zu Umweltauswirkungen von Produkten**. Halte Dich auf dem Laufenden bezüglich neuer Erkenntnisse zu Produkten und Materialien, welche von den Unternehmen stammen (oder verwendet werden), in welche Du investiert hast – gleichviel ob per Aktie, Fondsanteil oder Unternehmensanleihe. Ein Beispiel dazu: wir wollen zu Recht weg von der Verwendung von Plastik, das ja im Kern ein Erdölprodukt ist. Zu den alternativen Materialien, mit welchen wir versuchen zu substituieren, gehört u.a. Bambus. Das stammt meist aus Asien und hat schon deshalb einen beinahe esoterischen Stellenwert in der Wahrnehmung von uns Westlern. Vorsicht! Nicht jeder Bambus-Löffel ist ein tolles Produkt. Das Bayerische Landesamt für Gesundheit und Lebensmittelsicherheit stellte schon 2018 fest, dass in Bambusprodukten des täglichen Gebrauchs z.T. erhebliche Mengen an Formaldehyd und Melamin enthalten sind. Oft sogar in Produkten, die als „100% Bambus und Mais" bzw. „biologisch abbaubar" bzw. „hergestellt aus natürlicher Bambusfaser" und somit irreführend und falsch bezeichnet waren. Viele Proben enthielten auch das karzinogene Melaminformaldehydharz. Ich den-

ke, das wissen mittlerweile die meisten. Doch möchte ich die Gelegenheit nutzen, auf die Probleme einer „neuen" Form der Energie für den Autoantrieb hinzuweisen, nämlich die sog. E-Fuels. Das sind synthetische Kraftstoffe, welche mit Hilfe von Wasser und CO_2 hergestellt werden. Auch wenn es toll klingt, deren Ökobilanz ist verheerend. Um den dafür notwendigen angeblich sauberen Strom herzustellen, müssten weite Landesteile – ob nun in Deutschland oder wie u.a. Porsche plant in Chile – mit Windrädern zugepflastert werden. Diverse Autounternehmen lassen jedoch immer noch nicht davon ab, sich durch gezieltes Marketing als „green" darzustellen, weil sie Motoren verbauen, die später mal mit E-Fuels betrieben werden können. Der Zweck, der sich dahinter verbirgt ist simpel: man will möglichst lange konventionelle Motoren verwenden mit dem Versprechen – übrigens vor allem für die Fangemeinde der 911er Serie – sie dann, wenn es gesetzlich gar nicht mehr anders geht, mit synthetischen anstelle von fossilen Brennstoffen zu betreiben. Im Gegenzug soll Chile gewissermaßen in einen Porsche-eigenen Windpark verwandelt werden. Ein klarer Fall von Green Washing und zugleich aus meiner Sicht ein Fall von bösartigem Kapitalismus, der nur wenigen dient und zugleich die Natur ausbeutet.

Interview mit einer ökologisch eingestellten, herzensguten Anlegerin

Was für Überlegungen stellen nun eigentlich diese o.g. 40% + der Anleger: innen an, wenn sie sich aus Nachhaltigkeitserwägungen für die eine und gegen eine andere Anlage entscheiden? Um einen Eindruck jenseits der bloßen Zahlen zu gewinnen, habe ich viele Leute interviewt – und bin z.T. auf erschreckende Unkenntnis gestoßen, Naivität und guten Glauben. Als ich in ihrem Haus zu Gast war, lag morgens auf dem Frühstückstisch eine Broschüre eines schweizerischen grünen Energiekonzerns, welcher seine „sichere" Anleihen mit Renditen bis 8% anpries. Ganz grundsätzlich möchte ich hier mal einen Gedanken in Form einer etwas aufrührerischen These formulieren: wenn Dir jemand ungefragt Post zusendet und irgendwelche Anlageformen vermitteln will, schmeiß das besser direkt weg. Früher wurden damit irgendwelche obskuren Goldminen-Aktien feilgeboten, auf welche vor 25 Jahren schon meine Eltern mal reingefallen waren. Damals nannte man das noch den „Grauen Kapitalmarkt" und das hieß übersetzt = weitgehend unreguliert. Aber solche kapitalistischen Auswüchse gibt es offenbar auch heute noch genügend, und natürlich dem neuen ästhetischen Empfinden gemäß besonders hübsch aufgemacht: Hochglanz, saubere Energie und hohe, deutlich über dem Markt liegende Renditen bei reinem Gewissen. Anlegerherz, was willst Du mehr? Ich trug ja schon die Idee zu diesem Buch mit mir herum und daher dachte ich, lass doch endlich mal echte Leute zu Wort kommen, und so habe ich die Dame des Hauses befragt. Du, liebe: r Leser: in, kannst diese Fragen als kompaktes Kompendium nutzen, um selbst zu prüfen, wie Deine Motivationslage aussieht und was Du vielleicht noch bedenken könntest, bevor Du einem Unternehmen oder einem Fonds Dein Geld anvertraust.

Frage: Warum legst Du Geld an? Warum willst Du eigentlich überhaupt sparen? Du besitzt zwei Häuser, in einem lebst Du mit Deinem Mann, Du wirst eine ordentliche Rente erhalten später, zudem Mieteinnahmen aus dem anderen Haus, das abbezahlt ist. Wieso also nicht alles auf den Kopf hauen? **Antwort**: Es kann manchmal anders kommen als man denkt, sogar die Rente ist ja eventuell unsicher, der ausgerechnete Betrag ist oft nicht der wirklich später ausgezahlte. Weitere Unsicherheits- Faktoren sind der eigene Gesundheitszustand im Alter bzw. der von Familienmitgliedern, welche wir ja verpflichtet sind, zu versorgen. Da erscheint es mir schon gut, mehrere Standbeine zu haben.

Frage: Warum interessiert Dich die Geldanlage in eine Firma, die Plastik recycelt und daraus Energie herstellt. **Antwort**: Daran fand ich bemerkenswert, dass sie mit Ressourcen schonend arbeiten, und außerdem Müll vermeiden bzw. reduzieren. Und daraus noch etwas Produktives, zum Wohle der Menschen schaffen. Es gab da für mich allerdings eine unsichere Komponente, weshalb ich auch letztlich von dieser Investition Abstand genommen habe. Die konnten mir – ich habe dort angerufen - keine dauerhafte Sicherheit garantieren, also dahingehend, dass das investierte Geld mit absoluter Sicherheit voll wieder ausgezahlt wird bzw. sich so vermehrt wie in der Broschüre dargestellt.

Frage: Wenn also Geld anlegen, wieviel von Deinem monatlichen Einkommen? Eine feste Summe? Eine einmalige Anlage? Interessieren Dich Aktien? Warum nicht Sparbuch? Hast Du früher schon gespart? War das Tradition oder gar Pflicht in Deinem Elternhaus? Teil Eurer Kultur? **Antwort**: Ja, Sparen war in meinem Elternhaus Tradition. Wir hatten z.B. meistens einen Bausparvertrag. Ich selbst hatte auch mal Fonds-Anlagen. Das habe ich aber mal in einer besonders hektischen Lebensphase aufgebraucht. Im Moment leg ich nichts mehr an, weil es kein Projekt gibt, wo ich sagen würde, das interessiert mich. Auf dem Sparbuch habe ich früher per Dauerauftrag etwas zurückgelegt, ich habe sogar mal sog. Spar-Lose gekauft. Also, mit einem Broker Konto Aktien anlegen, das habe ich mal anfangen wollen, dazu hatte ich auch bei einer Bank angerufen – aber letztlich muss ich ehrlich sagen: dafür fehlt mir, auch mangels Interesse, das Durchhaltevermögen.

Frage: Seit wann bist bzw. lebst Du ein nachhaltiges Leben? Was begeistert Dich am Grünen/Veganen Leben? Oder ist es bloße Notwendigkeit, um den Planeten zu erhalten? **Antwort**: Ich wurde schon so erzogen. Ich bin auf dem Land groß geworden, wir hatten Kompost, alles wurde verwertet, meine

Mutter hat schon immer auf Wasser sparende Maßnahmen geachtet. Wir hatten auch meistens Second-Hand Kleidung, aus Sparsamkeit. Es gibt mir insgesamt ein positives Lebensgefühl, mit der Natur in Einklang zu kommen - sonst ist es den Ressourcen gegenüber solch ein Missbrauch. Vielleicht ist es eine Mischung aus Glaube, Wunsch und Überzeugung. Wenn ich höre, dass Wasser knapp wird, möchte ich nicht 5L zum Spülen verwenden. Was soll das! Mich begeistern Leute, vor allem immer mehr jüngere, die innovativ arbeiten und dieses Lebensgefühl umsetzen, also in Harmonie mit der Erde zu leben. Nicht immer alles zupflastern, das ist ein Verbrechen gegen Tiere und Natur, alles nur für Kapitalismus. Ich bin sicher nicht perfekt, man könnte z.B. ein Auto weniger haben.

Frage: Wie siehst Du die Geld– bzw. Kapitalanlage generell? Stehst Du hinter dem westlichen System? **Antwort**: Insgesamt stehe ich hinter dem System. Aber es braucht nicht rein auf Gewinn ausgerichtet zu sein, sondern es sollte gute Dinge fördern, also auch Wald und Grünflächen zum Wohle der Menschen und der Natur. Z.B. würde ich nichts anlegen, wo z.B. Monsanto unterstützt wird. BASF[7], ja, die schaffen sicher

---

[7] Bei Gültigkeit dieser Aussage fallen viele Anlageformen unmittelbar weg, nämlich alle ETFs und ETCs, die den Dax abbilden, in denen also auch immer notwendig ein „Stückchen BASF" stecken muss. Ein besser gefilterter Index ist da z.B. der DAX global Sarasin (eine Schweizer Bank) Sustainability Germany Index, der aber – und dies leider immer wieder – im Hinblick auf ihre Nachhaltigkeit sehr zweifelhafte Werte wie Adidas enthält.

Arbeitsplätze und Wohlstand, stellen aber auch ganz schädliche chemische Stoffe her und verpesten die Luft. Wenn die dann noch im Ausland anbauen, ist das aus meiner Sicht beschämend, wie diese Firma Mensch und Natur ausnutzen.

Frage: Was können Anleger: innen überhaupt bewirken? Hast Du ein paralleles Beispiel aus dem täglichen Leben, an dem Du Dich orientierst? **Antwort**: Ich kann nicht beurteilen wie viel man als Anleger bewirken kann. Aber ich würde das erstmal aus generellen Überlegungen heraus gerne so machen: also „Grüne" Bank, Bio-Produkte und so etwas. Die Anleger haben in ihrem Anlageverhalten wahrscheinlich eine gewisse Macht, ich habe da aber zu wenig Kenntnisse. Photovoltaik Anlagen z.B. erscheinen mir auch für die breite Masse, also auch für uns in Finanzanlagen „Dumme", eine geeignete Anlageform zu sein. Ich erinnere mich, vor ca. 10 Jahren gab es medizinische Empfehlungen hinsichtlich Hautunverträglichkeiten. Das ist auch relevant für Waschmittel. In den vergangenen Jahren habe ich dann auch ganz bewusst nach Biowaschmitteln geschaut. Da ist das Angebot gewachsen, weil ja offenbar mehr Leute als Kunden darauf achten. Vielleicht lässt sich das aufs Geldanlegen so übertragen, dass man halt in Firmen Geld steckt, die solche natürlicheren Produkte herstellen. Die Unternehmen wollen Geld verdienen und müssen das dann eben auch anbieten, wenn sie uns als Kunden wollen. Ähnlich mit Solaranlagen und Bioprodukten. Oft sind die Sachen – außer beim Recycling Papier – meist über die Zeit hinweg preisgünstiger geworden. Aber kaufen wir auch so richig *grüne* (nicht im politischen Sinne!) Anlageformen? Speziell in Deutschland geht es uns glaube ich noch immer viel zu gut, da sind die grünen Produkte Luxus, daher setzen wir uns nicht wirklich damit auseinander, was die Natur kaputt macht. Die meisten konsumieren, leben im hier und jetzt. Bei der Geldanlage schauen die Leute am meisten nach Ertrag. Das ist aus meiner Sicht sehr ähnlich wie beim Konsumverhalten, sicher geht es den meisten um den größten Gewinn. Es gehört zum guten Ton heute dazu, ebenso wie man gerne davon spricht, dass man Bio-Produkte kauft, sagt man auch, dass man in nachhaltige Unternehmen investiert, weil es modern, zeitgemäß und einfach schick oder woke ist. Ich selbst habe noch nie *Grün* gewählt, die stehen doch an der Spitze der Heuchelei, eins sagen, etwas ganz anderes tun, letztlich sind es verlogene Kriegstreiber geworden! Ähnlich ist das fürchte ich bei vielen Firmen auch.

Frage: Welche Erfahrung(en) hast Du mit Geldanlage? Berät Dich jemand dabei? Wer? Traust Du einer Bank? Hast Du eine: n Anlageberater: in konsultiert? Wie tief analysierst Du selbst Deine Geldanlagen? Wie würdest Du selbst Deine Kenntnisse in Sachen Geld einstufen? Sprichst Du die Anlage vorher mit Deiner: m Steuerberater: in ab? **Antwort**: Jedenfalls habe ich zum Glück noch keine ganz schlechten Erfahrungen gemacht, also ich hatte nie Totalverluste oder so. Einige Tausend hatte ich investiert in drei Fonds – einer in Kanada ansässig, einen weiteren, der vertrieben wurde von der Volksfürsorge. Ein Freund hatte mir das seinerzeit empfohlen.

Der hat das auch verwaltet. Er hatte früher bei einer Vermögensberatung gearbeitet, und der hatte mir gesagt, dass da in den Banken und Vermögensberatungen oft Leute hinters Licht geführt werden, er hat sich dann selbständig gemacht, heute macht er nachhaltige Anlageberatung. Zu dem Freund hatte ich Vertrauen. Banken vertraue ich nur sehr bedingt. Mit den Produkten, die die verkaufen, wollen sie ja im Zweifelsfall erstmal selbst Geld scheffeln, das erscheint mir nicht im Interesse des Kunden, sondern im Interesse der Bank! Meine eigenen Nachforschungen sind unterschiedlich. Ich frage schon detailliert nach, z.B. wie ist die Laufzeit, wie ist die Sicherheit der Zinsleistung, wie hoch ist der Zins. Vor allem würde ich gerne verstehen, wie das Unternehmen funktioniert, also was die so herstellen. Meinen Kenntnissen würde ich eine 3 von 10 möglichen Punkten geben, mehr sicher nicht. Ich habe das z.B. nie mit dem Steuerberater besprochen. Jetzt, wo wir das meiste von unserem Verdienst in die Rückzahlung des Hauskredits stecken, plane ich auch auf kein weiteres konkretes Anlageziel hin. Das habe ich früher mal gemacht, also gespart, aber nie wirklich ganz konkret, es ging mir eher darum, etwas auf der Kante zu haben, für persönliche Wünsche, Auto, Urlaub, Reparaturen und bzw. oder allgemein Rücklagen.

Frage: Wärst Du bereit, für eine nachhaltige Anlageform auch weniger als die marktübliche Rendite zu erzielen? **Antwort**: Das kommt darauf an, *wie viel* weniger, und vor allem, um welches unternehmerische Projekt es da gehen soll. Z.B.

30-40% weniger als Marktzins wären wahrscheinlich ok, wenn es ein für Umwelt und Natur gutes Projekt ist. Aber wenigstens die Rückzahlung sollte wirklich sicher sein. Denn es wäre schlimm für mich, wenn der Kapitalnehmer ausfällt. Daher würde ich sowieso nie auf einen Schlag so viel investieren, dass es mich existenziell bedrohen würde. Im Endergebnis würde ich es dann eigentlich ohnehin lieber spenden, also wieder vorausgesetzt, mit dem Spendengeld wird ein guter Zweck verfolgt.

Frage: Was sollte ich Dich noch fragen? **Antwort**: Also, es gibt durchaus interessante Projekte, die ich sehr gut finde, z.B. in einen nahe gelegenen Bauernhof zu investieren, kein Geld dafür zu bekommen, sondern schöne Sachen zum Essen wie Honig, Kräuter, Haferkorn und dergleichen. Etwa in eine Imkerei. Das würde ich aber letztlich vielleicht nicht so wirklich als Geldanlage sehen, sondern als eine Art unmittelbare Gegenleistung, ein Austausch also, so etwas mache ich schon mit einem Hof- Projekt. Denen bringe ich auch Dinge, die ich dann selbst gemacht habe. Das könnte dann auch in gewissem Maße über die bisherigen kapitalistischen Strukturen hinausweisen, weil Du vorhin nach dem System als solchem gefragt hattest. Wo sich das anbietet, würde ich das bei einem passenden Projekt gerne mittragen und unterstützen. Also dann auf gegenseitiger Basis.

Angeblich nachhaltige Industrien

Dem voranstehenden Interview, das übrigens ziemlich repräsentativ ist, konnten wir zwei grundsätzliche Informationen entnehmen. Zum einen, dass das nachhaltige Bewusstsein tatsächlich bis in den Bereich der Kapitelanlage von Normalbürger: innen vorgedrungen ist. Mit der Zeit, da bin ich sicher, dabei soll ja dieses Büchlein helfen, werden die Kenntnisse sich verbessern. Zum anderen sieht man sehr schön, wie sich eher konservative Werte wie das traditionelle Sparen und die Entwicklung einer für alle lebbaren nachhaltigen Welt sehr wohl miteinander verbinden lassen. Diese Betrachtungen führen uns nun zum Hauptanliegen des vorliegenden Buches: wir wollen einmal genau hinschauen, ob überhaupt und wenn ja wie viel Substanz sich denn hinter der Marketing Strategie der Nachhaltigkeit versteckt. Das abgedruckte Interview zeigt ja, dass nachhaltiges Denken zumeist im Konsum von Gütern des täglichen Bedarfs seinen Ursprung nahm, also Bio-Eier, Hafermilch, umweltverträgliche Waschmittel, Obst ohne Pestizide und in Papier- statt in Plastiktüten. Insofern ist es sinnvoll, sich auch zuerst mit dem Konsum-Bereich zu beschäftigen, wenn es um die Geldanlage mit reinem Gewissen geht.

Konsum-Aktien

Konsumieren müssen wir alle. Jede: r muss ja zumindest mal essen und trinken bzw. seine Kinder versorgen und seine Wohnung putzen. Das war übrigens einst das Argument, bei Firmen wie Johnson & Johnson, dem Produzenten von Penaten-Creme oder Procter & Gamble, dem Produzenten von Pampers, einzusteigen. Das verspricht nämlich stete Einnahmen durch Dividenden. Und gerade die alteingesessenen Firmen wie Beiersdorf (Nivea) oder Nestlé (Nahrungsmittel) haben natürlich längst verstanden, dass sie ihr Marketing begrünen müssen. Lassen wir uns jedoch durch ein paar vegane Produkte nicht blenden. Wir wollen hier übrigens bewusst die Frage nach einer wirklich gesunden Ernährung ausklammern, also z.B. die Frage, ob Produkte von Beyond Meat wirklich besser für die persönliche Gesundheit sind. Das mag jede: r individuell für sich selbst entscheiden. Hier geht es ausschließlich um die Frage, ob Beyond Meat als Aktiengesellschaft eine gewissensreine Anlageform darstellen kann. Was man zu diesem Zeitpunkt allerdings sicher sagen kann, ist, dass Beyond Meat ein fürchterliches Investment war, die Aktie hat von ihrem Höchststand aus betrachtet schon ca. 90% an Wert verloren. Da mag dann auch eine Grenze der Belastbarkeit nachhaltiger Anleger: innen überschritten sein. Da hätte man sein Geld vielleicht lieber direkt für einen guten

Zweck gespendet.[8] Denn so gut man sich auch fühlen mag, in Klima schützendes Nicht- Fleisch zu investieren, bei solchen Verlusten kann man eigentlich nicht mehr von einem seriösen Investment sprechen. Demgegenüber ist die Performance der Aktien des Burger-Giganten McDonald's beeindruckend. Seit den Tiefstständen zu Zeiten der Pandemie Anfang 2020 hat sich die Aktie zwischenzeitlich mehr als verdoppelt. Das mag u.a. daran liegen, dass McDonald's seit vielen Jahren stetig seine Dividendenzahlung steigert, auf inzwischen ansehnliche 6 USD pro Jahr pro Anteilsschein. Demgegenüber zahlen Firmen wie Beyond Meat eben überhaupt keine Dividende, sondern schreiben im Gegenteil über Jahre hinaus Verluste. Wer in solche neuen Firmen investiert, sollte sich darüber im Klaren sein. Auch Tesla zahlt keine Dividende. Die Dividende von Firmen wie McDonald's basiert demgegenüber leider oft und weitgehend auf erfolgreichem Greenwashing. – Das eigentliche Dilemma der gewissensreinen Geldanlage beginnt damit, dass sich heutzutage jede Firma einen grünen Anstrich geben möchte, weil schlicht angenommen wird, dass dies heute zum guten Ton gehört. Insoweit wirbt auch McDonald's mit *grünen* Bürgern. Lassen wir an der Stelle offen, ob das schmeckt; jede: r Konsument entscheidet für sich selbst, wie wichtig kulinarische Genüsse angesichts der drohenden Vernichtung des Planeten sind. Interessanterweise scheint gerade McDonald's das Thema sehr ernst zu nehmen. Seit einigen Jahren arbeitet deren Werbung damit, die winzigen Salatblättchen in

---

[8] Übrigens gibt es tatsächlich derartige „Spendenfonds", Bing mal „Panda Fonds".

Print und digitaler Form besonders grün erscheinen zu lassen. Obwohl das sehr ausgeklügelt ist, und ahnungslose Konsumenten genau dort abholt wo diese zu warten scheinen, es macht eine Anlage in McDonald's Aktien natürlich nicht zu einer *grünen* Anlage. Das Beispiel zeigt uns aber sehr anschaulich, wo man hinschauen sollte, um tatsächlich Kriterien für eine gewissensreine Anlage aufstellen zu können. Und Green Marketing bzw. Werbung ist es schonmal nicht.

These daher: man muss auf das Produkt selbst schauen anstatt sich durch bunte Bildchen, digitale Schönfärberei oder glamouröse Influencer Gestalten in die Irre führen zu lassen.

An der Stelle könnte es bereits sein, dass alle Fastfood-Ketten aus dem Rennen um unser Geld ausgeschieden sind. Ich möchte nicht die Möglichkeit negieren, dass es hier eine wirklich vegane, umfassend Bioprodukte verwendende Firma gibt, aber Burger King, Wendy's oder Chipotle sind es jedenfalls nicht. Mindestens müssen wir folgende Überlegung berücksichtigen: Viele Firmen weltweit produzieren durchaus *auch* nachhaltigere Produkte, also *neben* ihren bisherigen Produkten. Z.B. haben viele sog. „Lebens"mittelproduzenten ihre Produktpalette aus viel zu Zucker haltigen und fetten Nahrungsmitteln beibehalten und dazu noch – weil es sich ja gut macht, soll heißen gut verkauft – eine Bioproduktreihe entwickelt. Schön und gut, das macht aber aus diesen Firmen keinesfalls nachhaltige Unternehmen. Insofern bedingt die Produktauswahl, die wir treffen können, sicher nicht allein unsere

Anlageentscheidung. Denn um in ein nachhaltiges Unternehmen zu investieren, müsste dieses schon umfassend und
nicht nur nebenbei eben solche nachhaltigen und klima-
freundlichen Produkte herstellen, weil dies gerade angesagt
ist. Als streitbare These formuliert: Ein veganer Burger zeugt
weder von Sinneswandel noch von Nachhaltigkeit.

Mode- und Textil-Aktien

Schauen wir uns ein weiteres Segment von Aktien an, in welche zumindest früher gerne von konservativen Anleger: innen nicht zuletzt wegen hoher Dividendenrenditen investiert wurde. Dazu zählen nicht zuletzt so bekannte Unternehmen wie Under Armour, Tom Tailor, Adidas, China Shoe, Esprit, Steven Madden[9], Gap – um nur mal einige zu nennen. Wir alle kennen sie. Und wir alle haben uns vermutlich schon gewundert, warum so viele Afrikaner: innen diese Marken kennen und tragen. Ganz einfach! Weil wir unseren textilen Überschuss, unsere ausgetragenen Klamotten und das nicht-mehr-Modische aussortieren und per Schiff dorthin verfrachten. Immer mehr sprechen wir von „fast-fashion" – und das Gewissen der immer jüngeren Käufer: innen wird ganz ähnlich dem Green Washing in anderen Produktbereichen mit einem Recycling Versprechen beruhigt. Doch das ist ebenso wie beim Plastik eine Lüge! Bei Textilien findet praktisch NULL Recycling statt. Alte Mode wird entsorgt!

Und damit wird, fernab dem was wir sehen, aus den einst teuren und modebewussten Artikeln ein Müllproblem – und dies vorwiegend für Afrika, immer mehr jedoch auch für Chile und neuerdings Rumänien und Bulgarien. Und das alles geschieht noch mit dem tollen Nebeneffekt, dass wir uns dabei

---

[9] Nicht zuletzt bekannt aus dem Film „The Wolf of Wall Street" mit Leonardo DiCaprio in der Hauptrolle.

gut und mildtätig fühlen, wenn wir Sachen anstatt in die Mülltonne in die Altkleidersammlung geben. Laut aktuellen Schätzungen (Welt Nachrichten vom Juno 2022) kommen allein in Ghana jede Woche über 15 Millionen Stücke vom Westen aussortierter Modeartikel an. Das sind pro Jahr 250 Millionen (mit Nullen ausgeschrieben: 250.000.000,00) Tonnen (!) Altkleider. Dabei landet in Afrika immer schlechtere Qualität, weil eben ständig Billigware überproduziert wird. Neben den Müllbergen wird immer noch im Meer „verklappt" und außerdem in Riesenlöchern im Boden verbuddelt, verharmlosend bezeichnet als „Land Fill". Und hierzulande? Wir wollen unseren textilen Abfall wegen der darin enthaltenen Chemikalien nicht mal auf unseren Mülldeponien sehen! Denn wir haben die Gefahr einer dauerhaften Verseuchung unseres (!) Grundwassers längst erkannt. In ganz armen Ländern trägt dieselbe gefährliche Chemie in Modeartikeln zur Luftverschmutzung bei! Und zwar, weil die wirklich armen Menschen den Restmüll Mode statt Öl und Gas direkt im Ofen verfeuern, damit sie im Winter nicht erfrieren.

Wer also in Mode-Unternehmen bzw. deren Aktien investieren möchte, überlege gut, ob das wirklich mit dem eigenen Gewissen vereinbar ist. Die Mode-Industrie hat uns mittlerweile dazu erzogen, durch geschickte Werbung, zu glauben, dass wir jedes Jahr eine neue Mode benötigen, um schick und „in" zu sein. Also muss auch unser Kleiderschrank in immer größerer Regelmäßigkeit geleert sprich entsorgt werden. Weil himmelblau so was von Out ist in dieser Saison! Die Unternehmen wollen immer mehr Gewinn erzielen – und dazu müssen wir immer mehr Textilien und Schuhe kaufen. Immer mehr, jedes Jahr, jede Saison, old-school ebenso wie online. Die Kosten bleiben relativ gering, weil in immer mehr fernen Ländern bereitwillig billig produziert wird, nur um irgendwie im Geschäft zu bleiben. Ja, ich weiß, dass ich als Konsument dazu beitragen kann, dass diese Geschäfte bzw. eigentlich Machenschaften reduziert werden – durch Marktgesetzte übrigens. Aber dann kaufe ich halt doch noch ein zusätzliches T-Shirt und passende Sneaker. Immerhin stand ja auf der Produktwerbung, dass viel weniger böse Chemie bei der Herstellung eingesetzt wurde. Da fühle ich mich gleich viel besser. Im Herbst strafe ich das Unternehmen aber ab, weil ich den Anzug vom vergangenen Winter weitertrage. So trage ich dazu bei, den Planeten zu erhalten. Gleichzeitig erfreue ich mich daran, dass das Unternehmen bei größerer Nachhaltigkeit auch noch größere Gewinne erzielt hat und diese in Form von Dividenden an mich ausschüttet. In meiner Weltsicht ist also wirklich alles in Ordnung. Ich bin zufrieden und enthalte mich des Protests auf der Straße ebenso wie der jüngsten Online-Petition zur Müllvermeidung. Allenfalls bin ich dagegen, dass Kapital-Erträge noch höher besteuert werden. Und die Afrikaner: innen können doch froh sein, immer preiswerter an gute tragbare Mode zu kommen, und das immer zeitnäher zum Modewechsel.

So oder ähnlich sieht es in den Köpfen vieler von uns aus. Ich habe es in fast allen Gesprächen und Interviews immer wieder gehört. Jedenfalls, dass alle anderen so denken und handeln. Daher möchte ich zumindest diesen einen Gedanken teilen: Wer in Mode-Aktien investiert, sei sich bitte bewusst, dass deren Nachhaltigkeitsbestrebungen, so denn überhaupt vorhanden, diametral dem kapitalistischen Gewinnstreben entgegenstehen *muss*. Von gutem Gewissen kann keinesfalls die Rede sein. Der Begriff „sustainable fashion" ist ein bloßes Marketing Erzeugnis. Sonst nichts!

Anlage-Strategie

Trotzdem es schwierig ist und prognostisch eher noch schwieriger wird. Wer von euch sich um seine Geldanlage kümmern möchte, benötigt zunächst einmal eine grundlegende Strategie dafür. Ihr braucht wirklich mehr als ein reines Gewissen für die Geldanlage! Jedenfalls lautet so meine – durchaus warnende – These. Bevor man nämlich überhaupt in einen Fonds oder einen Einzelwert anlegt, ja bevor man überhaupt sein Geld oder Teile davon investiert, sollte man sich zunächst klarmachen, was man mit der Anlage eigentlich erreichen will. Wohlgemerkt, dabei geht es noch gar nicht um die Auswahl einer nachhaltigen Anlage. Hier mal nur eine kleine Checkliste für Anfänger: innen:

- Wozu will ich sparen? Ziel!

- Wann benötige ich das Geld wieder? Zeitraum!

- Wie dringlich ist es, dass ich mein eingesetztes Kapital wiederbekomme? Existenz!

- Lege ich monatlich/vierteljährlich oder einmal oder unregelmäßig an? Kontinuität!

- Wie diversifiziere[10] ich? Überschaubarkeit!

---

[10] Unter Diversifikation versteht man die Aufteilung seines Anlagebetrages in verschiedene Anlageklassen, also etwa Aktien, Gold und Immobilienbesitz.

- Da jede Anlageform unterschiedlich riskant ist: Wie ist meine persönliche Risikobereitschaft? Sog. Magisches Dreieck „Rendite, Liquidität, Sicherheit".

- Erst wer dann „ethisch" investieren will, kann dieses klassische Dreieck erweitern um den Aspekt der Nachhaltigkeit. Vielleicht wird man daher von einem „magischen Viereck" sprechen können!

- Wann benötige ich/möchte ich Ertrag? Thesaurierende[11] Fonds! Steueroptimierung!

- Wem kann ich mein Geld anvertrauen? Stichwort Interessenkonflikte! Yahoo mal „Faire Banken"!

- Wie oft möchte ich mich mit meiner Anlage befassen? Vermögensmanagement!

Erst wenn man diese Fragen für sich beantwortet, also so etwas wie eine Anlage-Strategie entwickelt hat, sollte man sich näher mit der Anlageform befassen. Wir gehen hier davon aus, dass Nachhaltigkeit ein wesentliches Kriterium für euch Leser: innen ist. Beim Thema Nachhaltigkeit sollten wir uns als erstes über Müll-Recycling unterhalten, bzw. wie man damit Geld verdient.

---

[11] Viele Aktien und Fonds thesaurieren ihre Gewinne, d.h. sie schütten keine Bar-Erträge aus, sondern reinvestieren diese in ihre Geschäftstätigkeit. Das kann steuerliche Vorteile haben, bitte befragt dazu eure: n Steuerberater: in.

Die Recycling Lüge(n)

In Deutschland kennen wir seit den 90er Jahren den „Grünen Punkt". Das klang ja so schön, und wir trennen nach wie vor fleißigst und mit dem allerbesten Gewissen. Unternehmen, die im Bereich Müll und Recycling tätig sind, verdienen sich dumm und dämlich! Natürlich können Anleger: innen daran mitprofitieren, doch zu welchem Preis! Bing mal Derichebourg oder Veolia, Befesa oder Renewi. Diese Unternehmen verdienen Milliarden an der Abfallverwertung, Entsorgung und am sog. Recycling. Das uns immer wieder suggerierte Zauberwort heißt „Wiederverwertung". Das klingt auch prima, nicht wahr? Aber das ganze Gerede um gutes nachhaltiges Recycling ist eine einzige große Lüge der Plastik Produzenten bzw. Verwender. Versprochen wird eine Kreislaufwirtschaft, aber die Realität sieht ganz anders aus. Am Ende steht die Erkenntnis: Plastik ist nicht recyclebar. Von Anfang an war der sog. Grüne Punkt hierzulande eine bloße Marketing Idee. Sie wurde auch nicht in Wirtschafts- oder Umweltschutz Zirkeln bzw. Ministerien entwickelt, sondern von der Düsseldorfer Marketing und Werbeagentur Kohtes & Klewes. Ein Schelm, wer Böses dabei denkt. Ganz vorsichtig würde ich formulieren, dass wir Endverbraucher: innen seit Jahrzehnten mit solchen Marketing Gimmicks hinters Licht geführt werden. Die allermeisten von uns meinen es nämlich gut mit der Umwelt und leisten gerne unseren Beitrag, z.B. in Form von täglicher Mülltrennung. Was würden wir aber sagen, wenn wir erfahren, dass über 70% des von uns mühsam getrennten Inhalts der gelben Tonnen wie jeder andere Restmüll in der örtlichen Müll- Verbrennungsanlage endet. Untersuchungen haben es so oft gezeigt, dass man sich wundert, dass man uns diese Lüge immer noch auftischen kann. Fest steht, dass am Ende des ganzen Trennvorgangs, nach etlichem Bearbeiten und Zusammenpressen rechteckige Pakete mit stinkendem, nicht weiterverwendbaren sog. *Recyclat* übrigbleiben. Es ist absolut minderwertig und wird von den großen Plastikverwendern wie Nestlé erst gar nicht wieder angekauft, um es erneut zu verwenden. *Das* ist der eigentliche Restmüll unserer Wohlstandsgesellschaft! Und er geht – wie die alten Klamotten auch – z.T. auf höchst illegalen Wegen in Länder wie die Türkei, wo es dann entweder verbrannt oder verbuddelt wird. Der Wahnsinn mit den Verpackungen geht aber weiter. Wer hier nach echten Alternativen für die Geldanlage sucht, wird nur recht schwer fündig, weil diese Dinge meist verschwiegen werden, damit Normalbürger: innen nicht aus der Kauflaune gerissen werden. Ihr wisst schon, eine sinkende Nachfrage könnte Arbeitsplätze vernichten. Aber in solche Firmen bzw. Start-ups müsste tatsächlich investiert werden, wenn wir das mit den Müllbergen in den Griff bekommen wollen. Der Gesetzgeber müsste ebenfalls tätig werden, und zwar mit Verordnungen über die Art des verwendeten Verpackungs- Plastiks. Ein Problem, das eine echte Wiederverwendung praktisch unmöglich macht, ist, dass die verwendeten Kunststoffe vollkommen unterschiedlich sind, sodass die Industrie viel lieber zu neuem Plastik greift. Würde man das vereinheitlichen, und das könnte man (!), dann würden sich zumindest die Chancen auf ein echtes „Recycling" erhöhen. Immerhin kann man mittlerweile so unterschiedliche Dinge wie Eisenbahnschwellen, Kacheln und Möbel aus altem Plastik machen, wobei es sich aber mehr um ein sog. „Down-Cycling", also eine Weiterverwendung auf weiterbearbeitetem Niveau, handelt als ein echtes Recycling. Echte Recyclate werden zu maximal 10% verwendet, und das meist auch nur mit Hilfe von Subventionen. In dieser möglicherweise höchst kreativen Industrie könnte auch viel mehr privates Geld investiert werden. So ließe sich ein Beitrag zum Umweltschutz *durch* Kapitalanlage leisten. Das ist wahrscheinlich der einzige Weg – außerhalb von staatlichen Zwangsmaßnahmen – um die Umweltkrise einzudämmen. Überlegen wir daher miteinander und laut, ob sich eine Investition in Recycling Unternehmen wirklich für diesen unseren Planeten lohnt? Man könnte auch gut argumentieren, dass es da schon an Aufklärung und Transparenz mangelt.

Die Bau-Branche erfindet sich nachhaltig neu

Kaum eine Industrie ist weltweit so wichtig für die moderne Gesellschaft wie die Bauindustrie. Das gilt nicht nur für die westliche Welt, sondern ganz besonders auch für China. Dort sind ja seit 2021 große Firmen wie Evergrande über die Klinge gesprungen, nachdem keine Aufträge mehr für neue Geisterstädte kamen. Viele Millionen Wohnungen verrotten dort einfach nur so vor sich hin. Arbeitsplätze, Wohnungen, sozialer Frieden, man könnte vieles thematisieren – hier soll es jedoch nur um den verwendeten Zement gehen. Eher langweilig? Gewiss spannend! Man sieht gerade neuerdings, dass vor allem Hoch- und Tiefbau Unternehmen sich mehr und mehr einen „grünen" Anstrich geben wollen, vgl. z.B. https://work-on-progress.strabag.com/ Unsere gute alte Strabag AG. Es sieht in deren Werbung so aus, als würden die tatsächlich nur noch Grünanlagen bauen. Alles so schön fürs Klima und so nachhaltig, und so schonend für die Umwelt. Aha! Doch schauen wir mal auf den in allen Bauvorhaben verwendeten Zement[12].

Im Kern ist es praktisch unmöglich, Zement industriell ohne eine enorme Freisetzung von Treibhausgas herzustellen. Das

---

[12] Zum Einstieg: https://www.spektrum.de/news/warum-beton-klimaschaedlich-ist/1760122.

hängt mit einerseits mit der enorm hohen Energienutzung zusammen, und außerdem mit den bei der Produktion von Kalkstein ablaufenden chemischen Reaktion. Es ist höchste Zeit, Forschungsgelder in sog. nachhaltigen Zement zu stecken, und zwar verpflichtend. Auch hier scheint mir, müsste zunächst einmal der Gesetzgeber tätig werden. Schon wieder, dass ich das hier sage. Mir erscheint es selbst mehr und mehr so, dass wir den Planeten nicht im Rahmen des kapitalistischen Systems retten werden können. Es muss erstmal ein echtes Umdenken erfolgen. Man muss es wollen, dann kann die Geldanlage erst nachfolgen. Die **zentrale These des Kapitalismus** ist und bleibt aber, dass Fortschritt, Glück und letztlich auch der sinnvolle Gebrauch von natürlichen Ressourcen nur im Rahmen einer nicht-sozialistischen Marktstruktur erreichbar ist. Das könnte sich jedoch als eine Art negativer Pascal 'scher Wette entpuppen, die, wenn wir sie verlieren, in ein planetarisch-apokalyptisches Szenario führt. Überlegen wir daher gemeinsam: Aktien oder Beteiligungen von Unternehmen in der Bau-Industrie? Möglicherweise, aber sicher nur dann, wenn sie ernsthaft und wahrhaftig mithelfen wollen, alternative Materialien zu erproben und baldmöglichst einzusetzen, welche dann auch wirklich ein nachhaltiges Bauen ermöglichen. Bis hierher ist die ganze schöne grüne Marketing- Strategie der Strabag, Bilfinger, Hochtief, Asia Cement und wie sie alle heißen, nichts Anderes als Green-Washing.

Markt-Überlegungen für Anlegende mit nachhaltiger Anlage-Strategie

Vorhin haben wir ein paar grundsätzliche Fragen gestellt, die man für sich beantwortet, um die persönliche Geld-Anlage-Strategie zu formulieren. Im Folgenden soll dargestellt werden, dass man mit dieser eigenen Grundsatzentscheidung noch nicht den Startknopf fürs Geldanlegen drücken darf. Man sollte sich nun, also vor dem jeweiligen konkreten Investment, mit einigen Grundregeln der Kapitalmärkte vertraut machen. Hier sind einige wesentliche Aspekte, die eben auch von nachhaltig anlegenden Menschen berücksichtigt werden müssen, um jedenfalls größere Verluste zu vermeiden:

- Bisweilen muss man als Anleger: in bei gewissensreinen Anlagen einen langen Atem haben, also einen gewissen Zeithorizont mitbringen, bis sich solch ein Investment tatsächlich finanziell rentiert. Man sollte auch nicht den Kauf von umweltschonenden Produkten und dem damit geleisteten Beitrag zum Umweltschutz mit der Geldanlage in das Unternehmen verwechseln, welches gute und nachhaltige Produkte herstellt. Denn Wertpapiere spiegeln nur in einer idealen Welt börsentäglich den tatsächlichen Wert des Unternehmens wider. Daneben sind auch an Börsen immanente Faktoren zu berücksichtigen.

- Man sollte als allererstes unbedingt darauf achten, nicht von Hype und Fomo[13] mitgerissen zu werden. Denn selbst bei einer aus Gewissens-Aspekten „guten" Anlage gelten weiterhin grundsätzliche Marktgesetze. Dazu gehören u.a. das Kurs-Gewinn-Verhältnis[14], die Dividende bzw. markt-technische Faktoren, z.B., dass eine Aktie oder irgendein sonstiger Anlagewert zu einem gegebenen Zeitpunkt „überkauft"[15] sein kann – in dem Fall ist mit baldigen Kurs- Rückschlägen zu rechnen. Außerdem ist für Anleger – schon unter Risikoaspekten - eine gewisse Diversifizie-rung erforderlich. Also: Investiere nicht in eine einzige An-lageklasse (wie z.B. Edelmetalle), investiere nicht in eine

---

[13] „Fear of missing out" beschreibt eine Situation am Aktien-markt, in der Anleger: innen Angst haben, nicht bei einer po-sitiven Kurs-Entwicklung dabei zu sein. Dann wird zu jedem noch so hohen Kurs investiert, was sehr bald zu sehr hohen Verlusten führen kann.

[14] Angenommen, ein Unternehmen erzielt 5 US$ Gewinn pro Aktie, die bei 80 US$ notiert. Das entspricht einem KGV von 16, was langfristig ein ordentlicher Durchschnitt für die Aktien des S&P (Index der 500 wichtigsten US-Unternehmen ist. Vorsicht bei sog. High-Tech Werten, deren KGV oftmals bei 100 oder darüber liegt. Dann muss deren Produktpalette schon außerordentlich vielversprechend sein, damit sich ein Investment tatsächlich lohnen kann.

[15] Eine Aktie gilt als „überkauft", wenn ihr 14-Tage-RSI (der vom Wirtschaftsmathematiker J. Welles Wilder bereits 1978 entwickelte sog. Relative-Stärke-Index, einer der einfacheren Indikatoren innerhalb der Technischen Aktien-Analyse) über 70 liegt. Je höher dieser Wert, desto höher die Wahrschein-lichkeit eines Kurs-Rücksetzers, etwa durch sog. Gewinn-Mitnahmen, also Veräußerungen von Positionen, die sich im Gewinn befinden, Anleger: innen also Gewinne „realisieren".

einzige Branche (wie z.B. Konsum-Aktien) und investiere nicht Dein ganzes Geld in einen einzigen Wert.

- Wer sich mit technischen Markt-Faktoren bzw. grundsätzlichen Markt-Dynamiken gar nicht auskennt, ist vermutlich in einer sog. „passiven" Geldanlage wie einem Fonds, einem ETF oder einem ETC (Exchange Traded Commodity) besser aufgehoben. Das „Picking" von Einzelanlagen ist als systemisch riskanter zu bewerten, auch wenn es im Einzelfall natürlich zu überproportionalen Erträgen führen mag. Allerdings, wer in Fonds investiert, muss sich mit dem sog. Ausgabeaufschlag[16] und der sog. „Management Gebühr" befassen. Beides sind echte Renditefresser und nur gerechtfertigt, wenn ein Fonds – eben durch die Qualität seines Anlagemanagements – überdurchschnittliche Renditen (sog. Returns) erwirtschaftet. Davon gibt es aber wirklich nur ausgesprochen wenige!

- Die eigentliche Rendite entsteht im wirtschaftenden Unternehmen, nicht (!) im Wertpapier. Daher sprechen erfahrene Investoren wie etwa Warren Buffet nicht von einer Wertpapieranlage, sondern von einem Unternehmens-Investment. Jedenfalls ist der Ertrag in der Finanzanlage langfristig an das Gewinn-Wachstum des Unternehmens bzw. der Branche gekoppelt. Man sollte also gerade bei

---

[16] Das ist der Betrag, welcher über den Preis eines Fonds-Anteils hinaus bei der Anlage erhoben wird, um Kosten zu decken. Früher wurden da z.T. bis zu 5% verlangt. Das heißt, der Fonds muss erstmal 5% im Plus sein, bevor wir als Anleger: innen auch nur auf null stehen.

Konsum-Aktien unbedingt einmal deren Produktpalette in der Tiefe ausprobieren.

- Märkte, also Anlage-Bewertungen (!), können z.T. über längere Zeiträume hinweg ausgesprochen irrational sein. Langfristig jedoch spiegelt der Preis einer Finanzanlage die tatsächliche Informationslage über ihren „inneren" Wert, also den Wert der Unternehmung wider. Denn Märkte verarbeiten Informationen, Unsicherheit und Erwartung. Der Kurs einer Anlage balanciert diese drei Bestandteile aus. Das nennt man Preisallokation.

Schauen wir nun mal auf einige weitere spezielle Branchen und deren angebliche Umweltverträglichkeit bzw. Nachhaltigkeit. Mit anderen Worten befassen wir uns mit der Ausdünnung der im Rahmen einer Anlage-Strategie unter Nachhaltigkeitsaspekten investierbar erscheinenden Branchen. Die schöne neue digitale Welt wirbt neuerdings auch mit Nachhaltigkeit, also z.B. Vermeidung von Plastik. Und sieht er nicht einfach toll aus, der neue Acer Vero Laptop?[17] Und wenn schon das Produkt so klimafreundlich ist, wie wäre es dann mit einer Anlage in Aktien von Unternehmen wie Apple oder Samsung? Lieber vorsichtig und langsam!

---

[17]   https://store.acer.com/de-de/acer-aspire-vero-notebook-av15-52-grau-nx-kbreg-004 Dieser Laptop ist wohl deshalb so grau, damit sich einem der Vergleich zum recycelten Papier aufdrängt.

Un-nachhaltige Smartphones, gewissenlose PCs und weniger giftige Batterien von EVs

Kommunikation ist sauber, Technik, Tesla, Nokia – alles grün? Also können wir unbedenklich in Apple, Google und Konsort:innen investieren? Von wegen! Wie so oft liegen die Herausforderungen nicht zuletzt im Bereich der verwendeten Rohstoffe. In diesen haptisch wunderbaren elektronischen Geräten stecken enorm viele Erze und seltene Erden. Hier nur mal eine kleine Liste von „Inhaltsstoffen" eines Smartphones.

- Gold, Silber, Kupfer

- Coltan

- Platin, Palladium

- Lithium

- Nickel, Chrom, Aluminium, Magnesium, Silizium

Was könnte denn da nun so alles – aus der Perspektive einer gewissensreinen Finanzanlage - problematisch sein? Eigentlich alles! Wer mal die Zustände in kongolesischen oder südafrikanischen Gold- oder Platinminen erlebt hat, der kann einfach nicht mehr glauben, dass diese unsere schöne smarte Welt wirklich „nachhaltig" ist. Im Gegenteil! Das ist ein Raubbau allererster Ordnung. Und was da an Metallen in indischen Hinterhöfen unter hygienisch und medizinisch unvertretbaren

Bedingungen „wiedergewonnen" wird, um nur ja die Preise möglichst „konsumentenfreundlich" zu belassen, das ist nicht mal annähernd nachhaltig.

Da wir gerade beim Thema Rohstoffe sind, dazu zählen natürlich nicht nur Erze, Metalle und seltene Erden. Sondern vor allem auch die an internationalen Börsen gehandelten Agrarprodukte vom Orangensaft über Rohöl bis hin zum Rindfleisch. Wusstet ihr z.B., dass der Getreidepreis für heute und für die Zukunft über die Warenterminbörse am Chicago Board of Trade (CBOT) bestimmt wird? Dort geht es am allerwenigsten um die Bedürfnisse der Farmer weltweit, sondern mehrheitlich um die Gewinn- und Spekulationsinteressen einiger institutioneller Großanleger wie etwa der Deutschen Bank. Fernab von der Dürre der Felder und der Existenzangst der Bauern werden nämlich leider dort die eigentlich preisrelevanten Geschäfte vollzogen anstatt auf lokalen Märkten.

Wer also seine Bankgeschäfte bei einer „fairen", „ethischen" bzw. „nachhaltigen" Bank durchführen möchte, die nicht darin verwickelt ist, muss lange suchen. Ein wesentliches Kriterium für eine solche Bank sollte stets die Transparenz sein; dazu gehört konkret die Offenlegung der Projekte, welche finanziert werden. Ich möchte ja hier, wie im „Vorab" dargestellt, keine konkreten Anlageempfehlungen aussprechen, sondern dazu beitragen, ein Bewusstsein zu schaffen für die vielen Fallstricke im Geldanlagegeschäft. Aus meiner Sicht könnten sich Anleger: innen weltweit ihrer Macht bewusstwerden und ihre jeweiligen nationalen Gesetzgeber zwingen, aktiv zu werden und derartige Geschäfte zu verbieten. Denn Spekulation mit Nahrungsmitteln ist erbärmlich und in höchstem Maße unethisch. Allerdings will dieses Buch weniger über die Ethik der Geldanlage sprechen, sondern vielmehr unser Augenmerk speziell auf „Grünheit" bzw. eben „Nachhaltigkeit" einer Kapitalanlage richten. Es mag natürlich darüber hinaus auch sein, dass es eine spekulationsfreie und dadurch gerechtere Preisfindung auch den Farmern ermöglicht, mehr nachhaltige Anbautechniken und weniger Pestizide zu verwenden. Doch wenden wir uns nun einem speziellen und leider Krieg auslösenden Metall zu, welches in unseren schönen digitalen Geräten verbaut ist.

Das gilt übrigens auch für die (noch-) Lithium (nur vielleicht bald Natrium-) Batterien von E-Autos (EVs). Die enthalten weniger Gifte als herkömmliche Blei-Säure Batterien von Fahrzeugen, die von Verbrenner-Motoren angetrieben werden. Letztere werden jedoch tatsächlich zu praktisch 100% recycelt. Lithium Batterien hingegen werden nach ihrer etwa 10-jährigen Lebensdauer ebenso behandelt wie die Batterien unserer Smartphones. Leider explodieren sie häufig und schon deshalb scheuen sich die meisten Unternehmen, sie zu recyceln. Bevor also alle Fans weiter Tesla-Aktien oder solche der Konkurrenz Nio, BYD etc. erwerben, sollte man – und zwar gezielt auf kapitalistischem Wege (!) also durch Kapitalallokation zu Firmen, die die Rückgewinnung von Rohstoffen vorantreiben - dafür sorgen, dass das Batterie-Recycling sichergestellt wird. Gewinnen wir nämlich die Rohstoffe wie Cobalt, Mangan und Nickel nicht 1:1 aus den Batterien zurück, dann wird das Problem der Abbau dieser Rohstoffe unausweichlich zu noch mehr Ausbeutung von Planet und Mensch führen, zu noch mehr Kriegen und brachialer Umweltverschmutzung[18]. Mittlerweile müssen ja die meisten Elektroartikel von den Herstellern zurückgenommen werden. Ebenso empfiehlt sich eine Verpflichtung der Hersteller von EVs zur Rücknahme bzw. zum Recycling der von ihnen verwendeten Materialien. Aus den hier betrachteten Gründen der Nachhaltigkeit kann jedenfalls nicht mit gutem Gewissen in EV Unternehmen investiert werden – es sei denn diese verpflichten sich, gleichzeitig mit den steigenden Verkaufszahlen zumindest proportional mehr Recycling zu betreiben oder mindestens solches finanziell zu fördern.

---

[18] Vor allem Nickel-Produzenten, und zwar nicht nur die in Russland, zählen zu den schlimmsten Dreckschleudern überhaupt. Ich plädiere daher ausdrücklich für Unternehmens-Strafen gegen Firmen, die überhaupt Nickel verwenden bzw. nicht zumindest versuchen, diesen Rohstoff zu substituieren.

Coltan: Ein besonders problematisches Erz

In fast allen unserer digitalen Geräte steckt ein sehr wertvoller Rohstoff, nämlich das Coltan. Es mag ja sein, dass Microsoft, Apple und Nvidia ihre CO2- Bilanz kontinuierlich verbessern. Aber das tun sie in Frankfurt, New York oder gleich im idyllischen Silicon Valley. Selbst wenn sie dort unsere Laptops und IPads herstellen, wird das zur Produktion erforderliche Coltan handlich und „umweltgerecht" verpackt angeliefert. Wir Konsument:innen erfahren nie wirklich, wo dieses Coltan abgebaut wird und warum der Handel damit erdrückende Probleme mit sich bringt.

Coltan ist ein Erz und besteht aus verschiedenen Mineralien – unter anderem aus den Metallen Niob und Tantal. Niob wurde früher Columbinum genannt und daher setzt sich der Name Coltan aus den Anfangssilben dieser beiden Metalle zusammen. Coltan ist ein sog. Industrie- Metall und als solches ein wertvolles Grund-Material. Denn es ist sehr resistent, es hat einen hohen Schmelzpunkt – nämlich ca. 3000 Grad Celsius – und ist somit unempfindlich gegen Säuren und Laugen.

Für den Einsatz in Elektrogeräten ist darüber hinaus Tantal von entscheidender Bedeutung. Es wird für Kondensatoren verwendet, weil es effektiv und schnell elektrische Spannung speichert und freigibt. Das macht es für unsere Elektrogeräte, also gewissermaßen für unser 21. Jahrhundert insgesamt, unverzichtbar. Tantal wird aus dem abgebauten Coltan gewonnen und meist in einem chemischen Verfahren von den anderen Metallen getrennt. Schon dabei entstehen erhebliche und z.T. giftige chemische und metallische Rückstände.

Coltan zu gewinnen ist nicht besonders aufwendig. Denn es lässt sich aus seiner jeweiligen Quelle mit einfachem Wasser herauswaschen. Es wird dann durch sein spezifisches Gewicht bestimmt, identifiziert und dann getrennt. Die Einfachheit des Abbaus macht es nun leider geradezu ideal für menschliche Arbeit, u.a. auch von Kinderarbeit. Und damit kommen wir auch schon zu dem, was da an „nachhaltigem Dynamit" in unseren schönen neuen Produkten verborgen arbeitet. Denn das wahre Problem der o.g. Metalle liegt in den Bedingungen, unter denen diese Rohstoffe abgebaut werden, was fast aus- schließlich im ohnehin schon maximal ausgebeuteten Konti- nent Afrika[19] geschieht. Dort fördert Coltan grausame bewaff- nete Konflikte. Machen wir uns ehrlich über die Mengen, in denen Coltan verwendet wird: In Deutschland gibt es ca. 90 Millionen Handys, also mehr als Menschen! Dazu kommen noch sog. Burner-Phones, also Einmalhandys. Und damit die Unternehmen wie Nokia oder Acer profitabel laufen und Divi- denden ausschütten, sollen die Konsument:innen ja spätes- tens alle zwei Jahre ein neues Smartphone kaufen. Folgerich- tig steigt auch die Nachfrage nach Coltan Jahr für Jahr weiter an. Dazu trägt außerdem bei, dass Coltan auch in Tablets,

---

[19] Dem Autor ist bekannt, dass es weitere Coltan-Vorkommen in Australien und Brasilien gibt, aber es sind eben nicht bzw. wegen des hohen Abbaus nicht mehr die größten – und vor allem im Abbau nicht die billigsten!

Laptops und vor allem auch in Flachbildschirmen verwendet wird. Auch die sollen wir ja als brave Konsument:innen möglichst im Zwei-Jahres-Rhythmus tauschen. Die Tricks der Industrie, um uns dahin zu bringen sind meist durchschaubar: Umfangreichere Software, volle Speicher, neue aufwendigere Apps, Programme und Kameras werden verbaut, um uns zu suggerieren, dass unser aktuelles Gerät schon so gut wie veraltet ist. Wo in Afrika befinden sich also die größten Vorkommen von Coltan? Richtig, im Kongo! Dort sind auch inzwischen die Gewinnmargen der Minenbetreiber stark angewachsen. Und wie wir schon aus der langen leidensvollen Geschichte Lateinamerikas zur Genüge wissen, ausbeutbare Rohstoffvorkommen für Produkte der westlichen Industriegesellschaften sind meist ein Fluch. Allerdings, in dem zentralafrikanischen Land boomt deshalb der Markt; der Kongo ist ein sehr rohstoffreiches Land, das seit langer Zeit unter politischen Unruhen und Kriegen leidet. Glauben wir wirklich, dass unter solchen äußeren Bedingungen darauf geachtet wird, wie ein Rohstoff abgebaut wird? Aber das sehen wir ja nicht, wenn wir mit dem schönen Produkt mit der neuesten Android-Version arbeiten oder uns damit vergnügen.

Der Kongo ist nicht zuletzt wegen der vielen Bodenschätze (auch: Gold) seit der Kolonialzeit ständig extremer Ausbeutung ausgesetzt. Derzeit – Stand April 2023 - wird in über 2000 kleineren und größeren Minen Coltan abgebaut. Diese Coltan-Minen werden regelmäßig von bewaffneten „Rebellen"-Gruppen kontrolliert, während die Tagelöhner –

darunter auch viele Kinder – das Erz aus der Erde waschen. Sie haben keinerlei Sicherheit und sind der Gewalt der jeweiligen Rebellen ausgesetzt. Ähnlich wie bei Diamanten kann man mit Fug und Recht hier auch von Blut-Coltan sprechen.[20]

Immerhin, es werden mittlerweile Listen mit fairen Smartphones veröffentlicht, wo man sogar Handys finden kann, welche (fast) ohne Coltan auskommen bzw. nur fair gehandeltes Coltan verwenden. Auch hier kann man als bewusster Konsument zumindest anteilig mit-entscheiden, in welche Richtung sich ein Unternehmen entwickeln muss, um am Markt zu überleben. Da wir ja auch vermehrt von „sich entwickelndem Bewusstsein" sprechen, sei hier folgender Hinweis gestattet: Der Begriff des „fairen" Coltans ist zweideutig und umstritten. Wer sich wirklich durch bewusste Produktwahl an der neuen Gestaltung unserer Erde beteiligen möchte, achte auf den sog. *geochemischen Fußabdruck* des verwendeten Coltans. Dabei wird dann auch berücksichtigt, aus welchem Abbaugebiet das jeweilige Metall stammt. Letztlich steckt der Teufel auch in Details wie der oft fehlenden Zertifizierung der Metalle, was leider aber eben keine Fehlfunktion am Laptop auslöst. Weltweit müssten die Gesetzgeber die Verwendung nicht-zertifizierten Coltans, bzw. anderer Rohstoffe, unter

---

[20] Zum Einstieg sei der Film „Blood in the Mobile" des dänischen Dokumentarfilmers Frank Plasecki Poulsen aus dem Jahre 2010 empfohlen. Die Zustände haben sich seitdem nur marginal verbessert, was erhebliche Zweifel an der These aufkommen lässt, dass es „kapitalistische Wege in die Nachhaltigkeit gibt".

Strafe stellen. Das ließe sich sogar praktisch durchführen bzw. überwachen, weil Coltan – anders als z.B. Silber – nicht einschmelzbar ist.

Überlegen wir daher laut: ist es wirklich so nachhaltig, in Firmen wie Apple oder Samsung zu investieren? Eher nicht! Der Faktor Augenwischerei ist – zu – hoch.

Der Aspekt der Machbarkeit

Wir alle führen ein tägliches Leben und ein Tag besteht nur aus 24h. Was sollen wir und was können wir noch alles tun? In der Theorie sollte sich jede: r Anleger: in ausführlich und intensiv informieren, bevor auch nur der erste Euro angelegt wird. Jedoch, in der Praxis wird das schnell schwierig – ganz ähnlich wie der Information über Inhaltsstoffe und Produktionsverfahren von Produkten. In dem Bereich gibt es immer wieder, und sogar oft auf YouTube veröffentlichte, Berichte von unabhängigen Journalist: innen. Aufgrund der im Geldanlagebereich ebenso diffizilen Informationsbeschaffung erhoffe ich mir hier eine Erweiterung von veröffentlichten Untersuchungen über wirklich substantielle Nachhaltigkeitsbemühungen seitens der Kapital nachfragenden Unternehmen. Aber das bleibt schwierig. Daher hier nur eine kleine Liste der praktischen Probleme der – vollständigen - Eigeninformation:

- Der Wandel von Firmen und Unternehmungen. Beispiel: Coca-Cola war jahrzehntelang einer der größten Plastikverschmutzer des Planeten. In den vergangenen Jahren hat die Unternehmensführung jedoch begonnen, zumindest nach außen hin – sog. Investor Relation – dafür zu sorgen, dass man nicht mehr ganz so schlecht dasteht.

Man mag das *woke*[21] nennen, bzw. dem Unternehmen den Vorwurf machen, dass es sich wie ein Windfähnchen am Wandel der öffentlichen Meinung ausrichtet. Doch ist es eigentlich genau das, was wir Konsument:innen wünschen, nämlich, dass nicht nur die von uns nachgefragten Produkte, sondern eben auch zunehmend die Umstände der Produktion selbst eine Rolle spielen sollten. Wenn man also bislang Aktien von Coca-Cola sicher unter Umweltaspekten hätte ablehnen müssen, könnte sich dies zunehmend ändern. Das müsste man jeweils im Einzelnen beobachten. Und das erfordert eben doch einen nicht unerheblichen Zeitaufwand.

- Unterschiedliche Studien kommen zu unterschiedlichen Ergebnissen. Das ist in der Wissenschaft natürlich ein bekanntes Phänomen, in weiten Kreisen der Bevölkerung jedoch nicht. Wir möchten hier nur darauf hinweisen, dass sogar im Jahr 2021 noch Studien erschienen sind, welche eine Auswirkung von Produktion und Klimaerwärmung nicht konstatieren. Gerade im Hinblick auf die sog. Klimakrise lässt sich auch feststellen, dass viele Äußerungen, Studien, Programme und auch Finanzierungen ganz erheblich durch die jeweils eigene politische Überzeugung geprägt sind. All das möchten wir an dieser Stelle überhaupt nicht bewerten, denn es ist ja das gute Recht eines jeden Menschen, seine eigene Meinung zu haben. Es geht

---

21 Zum Begriff „woke" bzw. Wokismus und seiner politischen wie sprachlichen Implikationen vgl. Tippach, „Im Namen des Vaters, des Sohnes und des heiligen Wokismus".

uns lediglich darum, bewusst zu machen, dass viele Klima- Daten, Untersuchungen und vor allem politische Äußerungen mit Verstand, Maß und auch durchaus kritischem Bewusstsein gehört und gelesen werden sollten.

- Wir werden als Konsument:innen im Prinzip jeden Tag überflutet mit Informationen zu Produkten: Werbung, Studien, Gegenmeinungen. Selten ist das mal so unterhaltsam gemacht wie in der Dokumentation „Supersize me", in der sich jemand über einen Monat lang nur von McDonald's Produkten ernährt und dann, auch medizinisch unterstützt, feststellt, dass das keine nachhaltige Ernährung sein kann. Aber mal ehrlich, wer kann es denn schon ertragen, nach einem anstrengenden Studien- oder Arbeitstag auch noch Darstellungen über negative Effekte von bestimmten Produktionsverfahren anzusehen. Außer berufsmäßigen Aktivisten; und nicht umsonst werden ja die meisten Klima-Aktivisten, z.B. der „Letzten Generation" von außen finanziert. Vielleicht war es daher nicht nur, sondern ist es auch weiterhin so, dass die Mehrheit der normalen Bevölkerung „radikal in der Mitte steht" wie es einst der renommierte Öffentlich-Rechtliche Professor Tomuschat in seiner Vorlesung formulierte. Wir ringen schließlich um unseren täglichen Brot-Erwerb, das Weiterkommen im Job, die Gründung einer Familie, rasant sich verschlechternde Altersversorgung usw. Wo können wir da ernsthaft Produkte und Unternehmen auf den Prüfstand stellen?

Nachhaltige Finanz-Anlage in Zeiten der neuen Kapitalismus-Krise

Viele und vor allem sehr junge Menschen versinken geradezu in einem Klima-induzierten Defaitismus. Da die Welt sowieso nicht rettbar sei, könne es auch nicht sinnvoll sein, überhaupt etwas zu unternehmen, Familien zu gründen, Kinder in die Welt zu setzen oder sich sonst konstruktiv zu betätigen. Die Gen Z hat da plötzlich so ganz andere Herausforderungen als Beruf, Verdienst und Geldanlage, nämlich die Sinnfrage. Es ist dies eine sehr traurig stimmende Entwicklung, und die ist auch ernst zu nehmen, denn es handelt sich keineswegs um Einzelfälle. Wer so drauf ist, ändert aber auch nichts. Von solchem ideologischen Nihilismus geht bedauerlicherweise keine konstruktive Kritik oder Weiterentwicklung unseres Wirtschaftssystems aus. Diese jedoch erscheint mehr und mehr Menschen dringend nötig. Ein starkes Argument gegen die kapitalistische Organisation unserer Wirtschaft besteht in der Ausbeutung der Natur und der Zerstörung unseres Planeten. Die Modebranche und die Smartphone Industrie hatte ich oben bereits als dringend tatverdächtig genannt, beim Raubbau an unserer Erde maßgeblichen Anteil zu haben. Und natürlich ist somit auch die grundsätzliche Frage legitim, ob wir jedes Jahr zwei neue Mode-Trends und jedes Jahr ein neues Handy benötigen. In mir selbst, ich gebe das offen zu, besteht aber keine Abneigung gegen solche Gelüste. Und ich hege immer noch die Hoffnung, dass die Menschen im Rahmen ihrer freien Entscheidungsfindung zu vernünftigen Ergebnissen kommen mögen. Der Wegwerf- Mentalität könnte man auch klare gesetzliche Regelungen entgegenhalten, nach welchen der Konsument zumindest Teile der Entsorgung bzw. das Recycling selbst finanzieren muss. Aber kann nicht doch alles beim Anreiz-System bleiben? Um die Gedanken anders eingestellter Menschen besser zu verstehen, habe ich etliche interviewt, um z.T. ganz junge Stimmen zu hören, die sich verstärkt gegen den Kapitalismus als solches richten. Dabei habe ich rasch bemerkt, dass ich schon die Art meiner Fragen, die ja der Art meines Denkens entsprechen, ändern muss. Sonst gerät man auch schnell auf die niveaulose Ebene der Totschlag-Argumente wie „der Sozialismus ist ja schon immer gescheitert" oder „hast Du nicht die kaputten Straßen in der ehem. DDR gesehen?". Was letztlich im Streit steht, ist der oft geleugnete Widerspruch zwischen Ethik und Profit. Wer innerhalb des Systems argumentiert, wird sagen, dass eine Gewinnmaximierung ohne Ethik letztlich nicht erfolgreich sein könne. Das halte ich für ein Scheinargument, jedenfalls ist es Schönfärberei.

Wie will man z.B. intrasystemisch mit der Frage der Verteilung des Trinkwassers vorgehen? Das wird schlechterdings nicht möglich sein. Ich habe selbst die Not erlebt, die entsteht, wenn über Monate hinweg pro Person nur 25L Wasser verwendet werden durften, nämlich in den Zeiten der großen Dürre in Südafrika zwischen 2014 und 2017. Diese 25 Liter beinhalten dann Trinkwasser, Wasser zum Kochen und Putzen und zum Duschen. Versucht mal, damit auszukommen! Daher wird zu Recht vorgetragen, dass existentiell notwendige Lebensmittel staatlicherseits zur Verfügung gestellt werden müssen, und das bedeutet dann – komplett antikapitalistisch – Verstaatlichung. Und das werden 99% der Menschheit befürworten, jedenfalls sobald ihnen das Trinkwasser ausgeht! Dazu braucht man kein Prophet zu sein. Jedenfalls wird man sich nicht auf die „Ethik" der Wasserkonzerne – wie z.B. Nestlé - verlassen wollen, wenn es um das Überleben der Mehrheit der Bevölkerung geht. Von daher ist auch fraglich, ob derartige Schlüsselindustrien überhaupt weiterhin in privater Hand liegen sollten oder auch nur dürfen. Schon heute sterben bis zu 10.000 Kinder pro Tag wegen mangelnder Wasserversorgung. Dagegen steht die kapitalistische Doktrin wohl auf tönernen Füßen, der gemäß die Geldanlage der „Wertephilosophie" der Anleger: innen überlassen bleiben muss. Dieselbe Doktrin gibt nämlich auch keine Auskunft darüber, was mit der Menschheit geschieht, wenn die Mehrheit dieser Anleger: innen doch aus Profitgier lieber in Rüstungskonzerne investiert. Aus dieser Perspektive ist so mancher gehypte und beschworene neue „Megatrend"[22] eben doch keine Möglichkeit

---

[22] Zu diesen Gewinn versprechenden Megatrends z.B. mal ansehen auf dem informativen YouTube Kanal von Mario Lochner: https://www.youtube.com/watch?v=PXh_1D1F94M Dazu gehören nicht zuletzt laut Bill Gates u.a. KI, Gesundheitswesen, Wasser, Energieversorgung (auch in einzelnen Feldern wie Solar, Thermik, Fotovoltaik oder Strömungsenergie), Gentechnik und Ernährungswandel. Richtigerweise zählen dazu aber auch geografische Schwerpunkte wie Südostasien oder speziell Indien.

der Gewinnmaximierung mit reinem Gewissen, sondern widerspricht schlicht und ergreifend den Grundinteressen der gesamten Menschheit. Außerdem besteht hier ein in der Tat kapitalistisches Sonderrisiko für euer Kapital: Sollte nämlich tatsächlich die Wasserversorgung bald verstaatlicht werden, dann ist sehr ungewiss, ob und wie Ihr entschädigt werdet.

Es ist mir insoweit auch mehr und mehr klargeworden, dass es sich bei den neuen jüngeren Kapitalismus-Gegnern nicht durchweg um linke Ideolog:innen handelt, die anderen ihre Ideen aufzwingen wollen. Die Studentin, mit der ich nachfolgendes Interview geführt habe, studiert Wirtschaft und überlegt sich in sehr intelligenter und reifer Art und Weise, wie sie neue Unternehmen gestalten will, um ihren und deren Beitrag zum Umweltschutz und zu einer gerechteren Welt umsetzen kann.

Interview mit einer wirtschaftskundigen nachhaltigen Nicht-Geldanlegerin

Das folgende Interview fand ebenfalls im Mai 2023 statt. Da mir während der ganzen Recherchen zu diesem Buch klar wurde, wie problematisch sich das Geldanlegen im Rahmen des kapitalistischen Systems gestaltet, wenn man Klima, Krise und Planet mitberücksichtigen will, habe ich dieses Interview zur Illustration ausgewählt. Nämlich, um aufzuzeigen, wie wir eigentlich das Investieren auch grundsätzlich aus anderer Perspektive betrachten könnten – ich sage ausdrücklich nicht „sollten" – um Menschen, Natur, Ressourcen und gesellschaftlichen Frieden mit zu berücksichtigen.

Frage: Wie würdest Du Deinen eigenen Ansatz in Sachen Geldanlage definieren? Immerhin bist Du ja Studentin der Wirtschafts- Wissenschaft. **Antwort**: Wirtschaftswissenschaft studiere ich, um Einblick in das Feld zu erhalten, das gesellschaftlich meiner Ansicht nach den größten Einfluss hat, ohne dass ich einen direkten Bezug zur Geld-Anlage vertrete. Den habe ich bis jetzt immer noch nicht. Weil ich auch immer mehr feststelle, dass Wirtschaft nur eine Funktion der Gesellschaft ist, d.h. die materielle Grundversorgung der Menschen sichern soll, also zum Wohle des Einzelnen da ist. Daher richtet sich mein Blick eher auf die Frage danach, was Glück und gutes Leben bedeuten, im Rahmen welches Systems auch immer.

Frage: Du hast neben dem Studium noch einen Halbtags-Job. Wieviel davon könntest Du anlegen? **Antwort**: Eher nichts, auf das ich nicht auch kurzfristig zurückgreifen könnte, da ich eine hohe Miete zahle und einen Bildungskredit zurückzahlen muss. Daher Geldanlage max. 100 Euro/M.

Frage: *Willst* du überhaupt etwas anlegen? **Antwort**: Im Prinzip ist mir tatsächlich der Aufwand im Verhältnis zur geringen Summe zu hoch. Ab ca. 1000 Euro, die ich monatlich zurücklegen könnte, würde ich dies prinzipiell überdenken. Meine Überlegungen gehen jedoch mehr und mehr in eine grundsätzlich andere Richtung, nämlich eine, die der Geldanlage als solcher kritisch gegenübersteht, bzw. die sich damit befasst, was ich mit dem Geld bewirke, das ich in das derzeitige System hereingebe.

Frage: Wenn Investment ja, dann worin? **Antwort**: In regionale, unabhängige Projekte. Und zwar, weil ich grundsätzlich kapitalismus-kritisch bin, da dieses System, um seine eigenen Defizite auszugleichen, ständiges Wachstum haben muss und ich außerdem sicher bin, dass die Zukunft der Menschheit von regionaler Autonomie und der Vor-Ort-Expertise getragen sein wird und muss. Nämlich, damit sich Selbstbewusstheit vor Ort und die internationalen Bedürfnisse überhaupt einmal auf respektvoller Ebene begegnen können.

Frage: Du bist ja über das andere in diesem Buch abgedruckte Interview informiert. Wie stehst Du zu den dort gegebenen Antworten? **Antwort**: die Anlegerin ist aus meiner Perspektive von ihrem gesellschaftlichen Stand sehr reflektiert. Allerdings fehlt vermutlich das Verständnis für die gesamtwirtschaftliche Einbettung und auch die Einsicht in das Gestaltungspotential des Menschen. Z.B. wird überhaupt nichts zur Frage gesagt, warum Systeme überhaupt existieren. So betrachtet fehlt auch der Aspekt des Potentials des Menschen und hinsichtlich seiner Fortschrittsmöglichkeit bzw. seines Selbststeuerungs- Ideals.

Frage: Hätte ich die Anlegerin aus Deiner Sicht noch etwas Weiteres fragen sollen? Wenn ja, was? **Antwort**: Ja, nämlich, ob sie glücklich ist. Und, ob sie sich frei fühlt, wo sie Freiheit verortet, also ihren persönlichen Freiheitsraum tatsächlich erlebt.

Frage: Stehst Du auf dem Boden unseres westlichen kapitalistischen Systems? **Antwort**: Es ist meine Lebenswirklichkeit, ich akzeptiere es als Stand der Dinge, mit dem ich, wenn und weil ich etwas verändern will, arbeiten muss. Es hat eine historische Berechtigung, es hat uns als Menschheit aus dem täglichen Überlebenskampf herausgeführt. Das anerkenne ich auch.

Frage: Wie verstehst Du Kapitalismus? **Antwort**: Es ist ein nicht mehr tragfähiges System, dem die Antworten auf alle drängenden Fragen unseres Zeitalters fehlen. Denn, es beruht auf Prinzipien, die ich ablehne und die wir als Menschheit in Bälde aufgeben müssen, um überhaupt zu überleben. U.a. das Prinzip der Monetarisierung von jedem und allem. Die

Monetarisierung verhindert qualitative Beziehungen. Sie unterstützt die ohnehin system-immanente Tendenz zur unendlichen Expansion, sie erfasst alle Lebensbereiche und Zeiträume inklusive der Zukunft. Letztlich sogar die Dimension der menschlichen Wahrnehmung. Außerdem braucht der Kapitalismus immer Konsum und immer noch mehr davon, und das führt uns alle zwangsweise zum Raubbau an allen natürlichen Ressourcen.

Frage: Kann man bzw. sollte man den Kapitalismus durch Reform „retten" bzw. lohnt sich das überhaupt? **Antwort**: Das wäre sehr schwierig bis letztlich unmöglich. Reformen kommen zumeist von oben. An sich ist das nicht schlecht, weil dies meist friedlicher abläuft. Aber jede Reform sollte auch demokratisch legitimiert sein und auf öffentlichem Diskurs beruhen. Das Problem beginnt notwendig immer dort, wo einige für viele entscheiden, weil sie sich im Besitz einer besseren Wahrheit sehen. Das sehen wir zurzeit weltweit auf Ebene der politischen Führungen, und zwar im Osten wie im Westen.

Frage: Welche Folgen hat das konkret für Deine Geldanlage? **Antwort**: ich würde zunächst einmal nichts Staatliches unterstützen, vor allem nicht im aktuellen Stand und Zustand der Politik, weil diese extrem stark durchdrungen ist von Lobbyismus und speziellen, nicht zuletzt eben kapitalistischen Interessen. Ich bin insofern Nicht-Anlegerin aus bewussten, grundsätzlichen Überlegungen heraus.

Frage: Wie sehen Menschen aus Deinem Umfeld die Kapitalanlage? Wie sieht es in Deinem Elternhaus damit aus? **Antwort**: Meine Eltern legen nichts an, sie haben eine Immobilie, wo sie auch einziehen könnten, was aber angedacht ist als Renditeobjekt. Das ist eine Wohnung mit 3-4 Zimmern und ist in einem verwalteten Mietshaus. Ein Wohnbedürfnis gibt es in jedem System. Dass jemandem eine Wohnung gehört, sehe ich daher nicht, jedenfalls nicht primär, als Geldanlage.

Frage: Welche Fragen sollte ich Dir eigentlich stellen? **Antwort**: Die folgenden Fragen erscheinen mir sinnvoll: Was kann der Einzelne in der Welt bewirken und auf welche Weise? Denn dann könnte ich darauf antworten: Wirtschaft lenkt oft davon ab, was wir als Menschen erreichen können. Der ganze Kapitalismus, die Idee des Wachstums von Kapital, beinhaltet von Beginn an das Versprechen von Freiheit und individuellem Glück und gesellschaftlichem Wohlstand. Aber die werden weniger und weniger erreicht! Es gibt nicht von der Hand zu weisende Einwände gegen das kapitalistische Wirtschaften; man schaue doch nur mal auf die Realität in unserer Alltags- Gesellschaft: weder sieht man glückliche Individuen noch eine solidarische Gemeinschaft oder gar eine solidarische Gesellschaft als solche. Man sollte doch erst auf sich selbst zurückkommen, sich wahrnehmen, anstatt immer in der Tretmühle gefangen zu sein. Ein anderes kapitalistisches Versprechen ist, dass Geld/Besitz = Freiheit bedeutet, aber das ist ein sehr schwieriger Aspekt, den man erstmal reflektieren müsste. Inklusive der Behauptung, dass Geld bzw. Kapital wirklich *Freiheit* bzw. Unabhängigkeit bedeuten.

Frage: Ist so etwas auch Teil Deiner Vorlesungen bzw. universitären Veranstaltungen? **Antwort**: Kaum. Leider. Da geht es doch eher sehr konservativ zu.

Frage: Was gibt es denn aus Deiner Sicht für systemische Alternativen? **Antwort**: Wir müssten von dem fragmentierten materialistischen Denken erstmal loslassen, was mit den Grund- Erkenntnissen der Quantenphysik und der Systemtheorie erstmal wirklich begonnen hat. Auch die Wirtschaftswissenschaft darf und kann nur ein Teil eines übergeordneten Gesamtsystems sein. Dazu gehört auch die philosophisch-geistige Dimension. Die Ideengeschichte sollte daher grundsätzlich davon ausgehen, dass sie mit der Erfindung bzw. Ausbreitung des Kapitalismus nicht an ihr eigenes Ende gelangt sein kann.

Frage: Was sollte ich Dich fragen, wenn es speziell um Geldanlage geht? **Antwort**: Das Problem der Geldanlage ist, dass sie nur von individuellen Zwecken und Zielen ausgehen kann, also letztlich eine gesamtgesellschaftliche Dimension gar nicht berücksichtigt, jedenfalls nicht primär. Anlegende können insofern wirklich nur für sich prüfen, ob die Grundlagen der Unternehmung, in die er oder sie investiert, als hinreichend erscheint bzw. subjektiv so wahrgenommen wird. Auf diese Weise können quasi auf sekundärem Wege neuere Grundlagen in Betracht gezogen werden. Etwa in dem Fall, wenn viele

Anlegende zu ähnlichen Einschätzungen gelangen und insofern eine Art demokratischer Kapitalallokation stattfindet. Oder sei es erstmal nur die Interdependenz der Unternehmung selbst, die bewirkt wird. Dann müsste die Unternehmung rechtlich die Möglichkeit haben, neue Ideen bzw. seine Handlungsprinzipien jenseits von rein profitorientierten Ansätzen verfolgen zu dürfen. Das ist im gegenwärtigen systemischen Zustand schon aktienrechtlich ausgesprochen fraglich.

Frage: Wie beurteilst Du die Marktmacht von normalen Anleger: innen, um die Firmen dazu zu zwingen, nicht nur *Greenwashing* im Marketing auszuschlachten, sondern echte Nachhaltigkeit zu praktizieren? **Antwort**: Ohne Transparenz geht hier gar nichts! Die Unternehmen müssen das alles offenlegen. Also unter anderem beginnen, Full-Cost-Accounting[23] zu praktizieren, also auch Kosten des Produktionsprozesses für die Natur mit einberechnen, das würde unbedingt dazugehören. Das ist aber eben ein genauso spannendes wie heißes Eisen. Denn das setzt voraus, dass die Anlegenden sich überhaupt erstmal über solche Ansätze informieren – was zumeist nur rudimentär geschieht, weil es uns als Gesellschaft noch zu gut geht – und es braucht vor allem auch erhebliche Eigeninitiative, und letztlich auch die Bereitschaft zur Abkehr vom Ziel einer ausschließlich persönlichen Kapital- Ertrags- Maximierung.

---

[23] Zu Deutsch vgl. „Umweltkostenrechnung".

Frage: Funktioniert im Hinblick auf das Ziel der Klima-Rettung die Allokoationseffizienz des Marktes? **Antwort**: Definitiv nicht! Mal abgesehen von der völlig fehlenden Kenntnis der Interdependenz aller natürlicher Kreisläufe.

Frage: Was können wir also tun? Wie sollten wir über den Tellerrand des Kapitalismus hinausschauen? Brauchen wir eine neue Art von Wirtschafts- Philosophie? Bzw. benötigen wir eventuell sogar ein neues Menschenbild? **Antwort**: Ja, wir benötigen ein offeneres Menschenbild, also sagen wir zumindest mal eines jenseits des Homo Oeconomicus. Es muss dabei auch um neue Werte gehen. Denn unsere Grundannahmen und Menschenbilder erscheinen sich doch zu weit entfernt zu haben von jeglicher Relevanz auch für unser sichtbares Wirtschaftsgeschehen. Jede kulturelle Errungenschaft des Menschen basiert auf solchen Annahmen. In diesem Sinne basiert auch unsere Art zu wirtschaften auf solchen Grundannahmen. Der weltweite Kapitalismus ist hochgradig institutionalisiert – also internationales Patentrecht, globale Firmen, FED und EZB etc. – wo Menschen den Status quo eines Zeitpunkts X statuiert haben. Das beruht also alles auf den Grundannahmen des Kapitalismus eben zu jenem vormaligen Zeitpunkt X. Mit anderen Worten, diese Institutionen brauchen diesen „alten" kapitalistischen Ansatz, um weiterleben zu können – und sie leben eben nur so weiter wie sie geschaffen wurden. Systeme streben erstmal zum Selbsterhalt. Das ist *das* Hemmnis für Wandel überhaupt. Um Transformation zu ermöglichen, muss erstmal Bewusstsein dafür entstehen, also für die zugrundeliegenden Werte, die mögen nämlich in der Tat veraltet sein und also dem Menschen gar nicht mehr dienlich. Wir müssen uns dann neue Grundsatzprinzipien überlegen, die uns in die Zukunft führen können. Gesellschaftliche Reflektion ist also schlicht *die* essentielle Voraussetzung dafür, dass Wandel geschieht. Und davon geschieht viel zu wenig und er wird auch aktiv von Institutionen und Medien verhindert.

Auswertung der Interviews

Wir sehen definitiv einen erfreulichen Trend, nämlich, dass die Befragten die natürlichen Ressourcen des Planeten schützen wollen - und zwar (Respekt!) sogar unter zumindest teilweisem Verzicht auf Rendite. Diese Grundstimmung trat auch in vielen anderen von mir geführten Interviews deutlich zutage. Man ist sich also über die Generationen hinweg (die Befragten waren maximal 63 Jahre alt) einig, dass wir so wie bisher nicht weitermachen können. Es geht um unseren Weg in eine lebbare Zukunft, wobei die Dringlichkeit und die Möglichkeit des Einzelnen, überhaupt Einfluss auf gesellschaftlicher bzw. sogar planetarischer Ebene zu nehmen, ausgesprochen unterschiedlich beurteilt wird. Im Durchschnitt lässt sich erkennen, dass, je jünger die Befragten sind, desto mehr sehen sie ihr Anliegen als systemische Frage an. Anders ausgedrückt, der Weg über etwas grünere Produkte beim Einkaufen wird nicht mehr als genügend angesehen. Da werden doch z.T. viel tiefere Veränderungen vorgeschlagen bzw. als notwendig eingefordert. Im Lichte dieses Wandels erscheint dann auf einmal das Nicht-Geldanlegen eine äußerst kapitalistische Maßnahme zu sein. Indem – zumindest bestimmten – Unternehmen überhaupt kein Geld zur Verfügung gestellt wird, wird deren Kapiteldecke zunehmend ausdünnen und im Endergebnis werden ihre Produkte obsolet. Selbst wenn dies den meisten Konsument:innen überhaupt nicht klar ist. Um auf diesem Gebiet *nachhaltiges Bewusstsein* zu schaffen, sollte man eine Art Geldkunde bereits in der Schule unterrichten.

Was mich persönlich sehr erstaunt hat, ist, wie die meisten Befragten die anderen Konsument: innen bzw. Anleger: innen sehen. Da scheint klar durch, dass niemand so recht daran glaubt, dass die anderen es wirklich ernst meinen wie sie behaupten. Umweltschutz und Nachhaltigkeit werden also nicht allein auf Unternehmensebene oft zum Green Washing verwendet, sondern eben auch auf Ebene der allgemeinen Bevölkerung. Es mag da durchaus als *woke* gelten, sich einen nachhaltigen Anstrich zu verpassen – aber oft ist es eben nicht mehr als ein Lippenbekenntnis. Sollte das tatsächlich zutreffen, wäre das wirklich erschütternd. Leider zieht sich diese Aussage durch alle Altersgruppen hindurch, der jüngste von mir Befragte ist – Stand Juni 2023 – 19 und die älteste 63 Jahre alt. Ein Argument dafür, dass das ganze Gerede des angeblich *bewussten* Kapitals tatsächlich wenig Substanz hat, findet sich in der Prognose Technik, die auch bei Wahlen zur Anwendung kommt. Wer aus der Wahlurne kommt, wird nicht danach befragt, wie er: sie gewählt hat, sondern wie die Betreffenden annehmen, dass die Mehrheit der anderen Wähler: innen sich entschieden haben. Indirekt liegt hier eine solche Aussage vor, wenn die von mir Interviewten jeweils sagen, dass sie annehmen, dass es die anderen mit der Nachhaltigkeit wohl doch nicht so ernst meinen.

Weiter hat die Befragung ergeben, dass es beim Einkauf von Produkten ebenso wie bei der Geldanlage nicht allein und nicht ausschließlich – kapitalistisch – um die Rendite geht. Hier ist ein aus meiner Sicht positiver Wandel zu verzeichnen. Vor 10-15 Jahren wurden noch Bücher veröffentlich wie „Mit gutem Gewissen mehr Rendite erzielen"[24], was aus heutiger Sicht faktisch wie konzeptionell überholt ist. Dieser Wandel offenbart dann auch in aller Deutlichkeit, an welchem entscheidenden Punkt in der Geschichte der Geldanlage wir uns befinden. Es stellt sich unausweichlich die folgende Frage: Ist das kapitalistische System als solches, d.h., intrasystemisch, überhaupt geeignet, Nachhaltigkeit und damit die Rettung des Planeten zu garantieren. Oder verschafft uns dieses System aktuell nichts weiter als ein relativ ruhiges Gewissen nach dem Motto „ich kaufe ja Bio-Produkte". Das stellt dann unmittelbar auch die Frage nach dem zu wählenden Weg, also durch die Unternehmen bzw. den „Markt" oder eben doch durch staatliche Verordnungen.[25] Es wird aus meiner Sicht nicht möglich sein, einen echten Konsens zwischen allen zu bewirken, aber diese Betrachtung bleibt einem anderen Buch vorbehalten. Zumindest jedoch lassen sich folgende **Thesen** formulieren:

---

[24] Vgl. etwa W. Schwanfelder, „Wie Sie Profit machen und nebenbei die Welt verbessern".

[25] Diese hier nur skizzierte Diskussion steht an, und sie *ist* dringlich! Wer sich in nur 90 Minuten einen Überblick zum Streitstand verschaffen möchte gehe bitte zu: Ist der Kapitalismus am Ende? | 13 Fragen - YouTube

- Es geht nicht mehr nur um die Nachhaltigkeit von Produkten, sondern um die grundsätzliche Nachhaltigkeit des Kapitals und reflexiv also der Geldanlage, welche sich grundsätzlich und systemisch in Frage stellen muss. Ein gutes Gewissen kann jedenfalls dort nicht wahrhaft entstehen, wo weiterhin auf Rendite pur geachtet wird. Sondern man muss sich fragen, was wir als Einzelne bereit sind, abzugeben bzw. erst gar nicht zu erwirtschaften. Diese Scheuklappen müssen abgelegt werden.

- Sogar die grundsätzlichen Möglichkeiten, sich innerhalb des Kapitalismus weiter zu entwickeln bzw. dies mit kapitalistischen Methoden zu tun, sind der Bevölkerung immer noch weitestgehend fremd. Nur selten wird etwa der Sprung vom nachhaltigen Produkt hin zur Investition in nachhaltige Unternehmen getan.

- Was eigentlich „investieren" bedeutet, ist leider ebenfalls im Wesentlichen fremd. Selbst Menschen mit grundsätzlich hohem Bildungsstand kennen sich mit Kapitalanlage bzw. Anlageprodukten nicht oder nur unzureichend aus. Insofern lebt unsere Gesellschaft ein seltsames Paradoxon: einerseits profitieren wir ganz erheblich von der Motorik des Kapitalismus, andererseits denken die meisten von uns überhaupt nicht kapitalistisch. Das ist aus meiner Sicht ein wesentlicher Grund dafür, dass es eine solch tiefe Spaltung zwischen Arm und Reich in dieser Gesellschaft gibt. Die meisten Leute leben einfach von der Hand in den Mund und warten auf Grundsicherung im Alter. Außerdem führt dieses Sich-unter-die-Obhut des Staates begeben dazu, dass zunehmend eine Art von Staatskapitalismus entsteht. Nicht nur hütet nämlich der Staat die Währung und das Finanzwesen, sondern tritt auch immer stärker als Nachfrager von Leistungen auf. Und zwar zu der mittlerweile erschreckend hohen Staatsquote von ca. 50% des Bruttoinlandsprodukts, in Frankreich sogar bei knapp 60%.

- Viele Menschen gehen davon aus, dass „Geldanlage" entweder langweilig ist – oder sie es jedenfalls nicht verstehen und keine Zeit aufwenden wollen. Das erstaunt schon, wenn man gleichzeitig viele Tausende Leute demonstrieren sieht, die höhere Lohnabschlüsse fordern. Das zeigt m.E. eine weitgehend einseitige Sicht auf die eigenen Fähigkeiten und Gedanken. Wer sich nämlich immer nur als Arbeiter: in im Konflikt mit dem Kapitalisten „da oben" sieht, der legt Geld, das er übrighat, eben letztlich doch nur aufs Sparbuch. Noch einmal daher mein dringender Aufruf an die Bildungspolitik, neben Latein und Sozialkunde auch das Fach „Geldwesen" verpflichtend in allen weiterführenden Schulen zu machen. Sonst bleibt Geldanlage nämlich auch weiterhin eine Sache der *Reichen*, denen man ihr Kapital wieder wegnehmen will, z.B. über eine Reichensteuer, was aber vermutlich nur die ohnehin schon problematische gesellschaftlichen Spaltung vertieft.

- Es besteht erheblicher Zweifel in der Bevölkerung, ob man die Korporationen „zwingen" kann – nämlich anders als durch ständig neue Verordnungen – nachhaltig zu produzieren, zu verpacken und zu verschiffen. Schaut man sich das immer noch zumeist lahme (Stand Juni 2023) Lieferkettengesetz[26] an, dann wird schnell klar, dass wir uns als Menschheit eben nicht auf staatliche Maßnahmen allein verlassen sollten. Die Menschen hierzulande sind sich aber eben nicht bewusst, dass sie Unternehmen wie Nestlé am besten selbst regulieren könnten, nämlich indem sie dorthin kein Kapital investieren, also z.B. auch keine Fonds erwerben, welche solche Unternehmensaktien halten. Aber wer von uns Deutschen investiert schon in Aktienfonds. Und wer von denen, die es tun, weiß Bescheid über die jeweilige Zusammensetzung dieser Fonds!

- Insgesamt erscheint es daher äußerst fraglich, ob die Bürger: innen, die im kapitalistischen System leben – und durchaus davon profitieren – dieses kapitalistische System dazu nutzen wollen/werden/können, um die proklamierten Ziele des Klimaschutzes und der Nachhaltigkeit zu erzwingen. Wir kennen bisher nur unsere demokratische Macht als Konsument: innen, nicht aber unsere demokratische Macht als kapitalistische Anleger: innen. Daher nicken wir es auch ab, wenn wir mit Green Washing abgespeist werden und alle so tun, als würde ja schon alles gut.

---

[26] Das LKSG = Lieferkettensorgfaltspflichten Gesetz gilt zunächst nur für Unternehmen mit mehr als 3000 Angestellten, was immerhin stufenweise herabgesetzt werden soll.

Kleine Finanz- Meditation

Schauen wir einen Moment voller Ruhe und Unaufgeregtheit auf den Stand der Dinge, wie sie sich uns darstellen: Wir leben in einer westlichen Welt, in welcher es uns immer noch vergleichsweise sehr gut oder gar zu gut geht. Das Wirtschafts- System, welchem wir das zuschreiben, ist das von uns als überlegen empfundene des Kapitalismus. Dieses basiert wie der Name sagt, auf der Zuordnung von Überschuss zu Unternehmungen und Firmen, damit diese investieren und produzieren und damit zu mehr Wohlstand und einer geordneten Gesellschaft beitragen. In diesem kleinen Band geht es nicht um die ideologische Auseinandersetzung mit diesem oder anderen Systemen. Sondern um die Frage, ob die Menschen, die im Kapitalismus leben, diesen nutzen können, um ihre Ziele des Erhalts von Klima, Menschheit und Planet umzusetzen. Es gibt reichlich Möglichkeiten, in nachhaltige Finanzprodukte zu investieren. Genauso wie mit dem Erwerb nachhaltiger Produkte als Konsument:innen, können wir hier als Anlegende grundsätzlich Einfluss ausüben.

Allerdings erwecken im Produktbereich sogar Fastfood-Ketten mittlerweile den Anschein, dass sie eigentlich nur Salate verkaufen. Dieser bloße Anschein bzw. Green Washing scheint vielen Konsument:innen genug zu sein – anders lassen sich die z.T. rasant steigenden Kurse etwa der McDonald's Aktie nicht erklären. Und der basiert eben auf verkauften Burgern und fetten Fritten, nicht auf Veggies.

Schaut man auf Aktien anderer Branchen wie Mode, Elektronik, Bau - bzw. auf Fonds, die solche Unternehmensanteile enthalten, dann erkennen wir schnell, dass sich dort ein ebensolches Green Washing ausgebreitet hat wie bei den Produkten. Alle zeigen sich von ihrer grünsten und nachhaltigsten Seite. Da es mittlerweile zum guten Ton gehört, dass ein Unternehmen zur Erhaltung des Planeten beiträgt, wird man nicht müde, uns als Anlegenden eben diese Vision vorzuführen – reichhaltig bebildert und mit schönsten Klängen. Wer möchte nicht einmal Porsche fahren in unberührten Küstenlandschaften und ohne störende andere Verkehrsteilnehmer: innen. Aber die Bilder solcher Werbung sprechen – ebenso wie die Werbung für die dahinterstehenden Unternehmen – lediglich an, was wir uns wünschen. Es werden Wunschvorstellungen auf Leinwände und Monitore projiziert. Und viele von uns geben sich damit – immer noch - zufrieden.

Viele gehen auf die Straße und protestieren, kleben sich fest und tanzen zu Rock for Climate. Aber unsere echte systemische und demokratische Macht, nämlich über die Allokation von Kapital zum Ausdruck zu bringen, wie genau wir unsere Unternehmen haben möchten, das tun wir nicht. Das ist verwunderlich, da wir eben diese Macht als Konsument: innen verinnerlicht haben, wie z.B. jüngst der Fall Bud Light gezeigt hat. Das Unternehmen hatte im Frühjahr 2023 die Transgender[27] Person Dylan Mulvaney in ihrer Werbung sagen lassen, wie „fratty", zu Deutsch „spießig" doch die alt-konservativ-mid-western Konsument: innen der Biermarke Bud Light seien. Daraufhin kam es zu einer Totalverweigerung der auf diese Art verunglimpften Biertrinker: innen. Bud Light wird nun überhaupt nicht mehr gekauft. Schließlich mussten einige Lebensmittelketten das „woke" Bier verschenken (!), um es aus dem Regal zu bekommen.[28] Das Unternehmen Anheuser-Busch hat innerhalb weniger Wochen fast 10 Milliarden US Dollar an Unternehmenswert eingebüßt. *Das* ist doch mal eine interessante Zahl!

Meditieren wir doch ruhig einen Moment lang darüber, was geschehen könnte, wenn wir dies als Geld Anlegende grundsätzlich und umfassend tun! Also nicht allein das Produkt verweigern, weil es nicht nachhaltig ist, sondern den Unternehmen unser Kapital verweigern, weil diese nicht nachhaltig wirtschaften. Denn letztlich kommt aller Überschuss, der als Kapital zu den Unternehmen alloziert wird, aus unserer Tasche. Denn *wir sind* das kapitalistische System, wir tragen es nicht nur, wir sind dieses System. Wir entscheiden folglich auch, wann wir endlich genug haben davon, mit Green Washing abgespeist zu werden. Erinnern wir uns kurz an das,

---

[27] Bitte klar unterscheiden: ich bin absolut dafür, dass jede: r sein Geschlecht selbst identifiziert. Die Fehleinschätzung der eigenen Konsument: innen ist allein Verantwortung des Unternehmens! Mir geht es ausschließlich darum, zu zeigen, welche demokratische Macht bei uns Konsumierenden liegt!
[28] Gute Darstellung des Ökonomen Kevin O' Leary auf YouTube https://www.youtube.com/watch?v=B5mR4lxFHBQ.

was im zweiten hier abgedruckten Interview gesagt wurde: es bedarf nicht nur eines neuen Wirtschafts-Systems, sondern zunächst mal eines neuen Menschenbildes. Vielleicht kann dies in Etappen geschehen, und der erste Schritt könnte sein, dass wir als Anlegende uns ganz praktisch bewusst werden, welches Potenzial wir haben. Aus meiner Perspektive ist dies der einzige Weg, um den Planeten und die Klimabedingungen innerhalb des kapitalistischen Systems zu erhalten. Ansonsten wird es uns staatlich verordnet werden. Und dann haben wir genau den Staatssozialismus, den wir doch als schlechteres System einstufen.

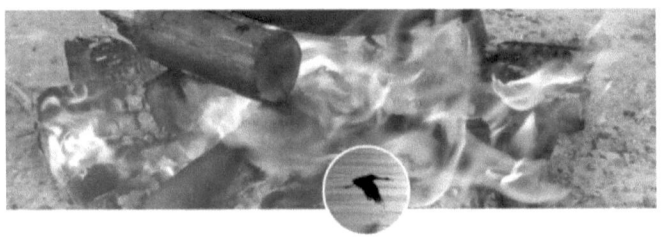

Ich bedanke mich für Euer Interesse und wünsche euch allen von ganzem Herzen eine nachhaltige und erfolgreiche Geldanlage!

Dr. Stefan Ulrich Tippach, Ph.D.